产教融合背景下
高职院校人才培养模式探索

余量 —— 著

中国农业出版社

北　京

内容简介

　　本书深入探讨了在产教融合的大背景下，如何培养适应社会和经济发展需求的高职院校人才。全书共分七章，首先，从理论基础出发，阐释产教融合的重要性和基本原则。其次，分析了激励理论、人本主义学习理论等对人才培养的理论支撑。书中重点讨论了创新型和应用型人才的培养目标、机制和模式。进一步探讨了不同主导下的产教融合实践模式，以及"双师型"师资队伍建设的必要性和路径。最后，构建了产教融合人才培养质量的评价体系，为高职教育的改革和发展提供了理论指导和实践参考。

　　本书适合高职教育工作者、企业管理者以及研究产教融合的相关学者进行阅读和参考，对于广大高职学生的自我成长和提升，也具有一定的引导作用。

前 言

FOREWORD

在全球化与信息化高速发展的今天，教育与产业的深度融合已成为推动经济社会高质量发展的关键力量。作为连接教育与产业的重要桥梁，产教融合不仅促进了教育资源的优化配置，也为产业升级和转型提供了强大的人才支撑和智力保障。在此背景下，本书的出版，旨在深入剖析产教融合的内涵、理论依据及其实践路径，为高职院校人才培养模式的创新与发展提供理论支撑与实践指导。

本书共分为七章，系统、全面地探讨了产教融合背景下高职院校人才培养的各个方面。

第一章产教融合的理论基础作为全书的开篇，首先从理论层面梳理了产教融合的相关概念、依据、原则、特点及作用，为后续章节的展开奠定了坚实的理论基础。通过这一章，读者能够清晰地认识到产教融合在高职教育中的重要地位及其对于人才培养的深远影响。

第二章进一步深入产教融合背景下高职院校人才培养的理论依据层面，引入了激励理论、人本主义学习理论、建构主义理论、利益相关者理论以及教育与生产劳动相结合理论等多种理论视角，为高职院校人才培养模式的构建提供了丰富的理论滋养。这些理论不仅揭示了人才培养的内在规律，也为产教融合的实践探索提供了有力的理论支撑。

第三章和第四章分别聚焦于高职院校创新型人才和应用型人才的培养，

结合具体案例（如陶瓷设计专业）深入分析了培养目标、体系、模式及其实施路径。这两章内容不仅体现了产教融合在人才培养中的具体运用，也展示了高职院校在适应市场需求、提升人才培养质量方面的积极探索与创新实践。

第五章转向产教融合的实践模式探讨，分析了以企业、学校和政府为主导的3种不同模式的特点、优势及其实施策略。这一章内容对于理解产教融合在不同主体推动下的运作机制、促进产教深度融合具有重要的参考价值。

第六章聚焦于高职院校"双师型"师资队伍的建设问题，指出了"双师型"教师在产教融合中的重要作用及其建设的必要性、内容和路径。这一章内容不仅强调了师资队伍建设对于提升人才培养质量的关键作用，也为高职院校如何构建适应产教融合需求的师资队伍提供了有益的启示。

第七章，构建了产教融合背景下高职院校人才培养质量评价体系。通过深入分析产教融合质量评价的内涵、构建评价机制与指标体系以及组织与实施过程，为高职院校如何科学、系统地评价产教融合成效提供了切实可行的方案。这一章内容不仅有助于高职院校全面了解自身在产教融合方面的优势与不足，也为持续改进和优化人才培养模式提供了有力的保障。

本书是对当前高职教育领域产教融合理论与实践的全面梳理与深入探索。它不仅为高职院校如何在新时代背景下创新人才培养模式提供了宝贵的参考与借鉴，也为推动教育与产业深度融合、促进经济社会高质量发展贡献了智慧与力量。

著　者

2024 年 9 月

目 录

CONTENTS

第一章
产教融合的理论基础

在高职教育蓬勃发展的今天，产教融合作为提升人才培养质量、促进教育与产业无缝对接的重要途径，其理论基础与实践模式日益受到广泛关注。本章深入剖析产教融合的相关理论，揭示其产生的必然性与合理性；同时，明确产教融合的依据与原则，为实践探索提供方向指引。此外，还将阐述产教融合的独特特点与显著作用，展现其在推动高职教育内涵式发展、服务经济社会发展中的重要作用。

第一节　产教融合的相关理论

一、杜威实用主义教育理论

(一) 杜威的实用主义哲学

杜威被誉为美国实用主义哲学的杰出代表，其教育思想深深植根于这一哲学体系之中。他摒弃了传统哲学中将经验视为单纯知识解释的"二元论"观念，转而提出一种更为全面、新颖的经验理论，从而构建了庞大的实用主义哲学框架。

在杜威的视野里，经验、环境与自然三者紧密相连、不可分割。思想或意识被视为引导行动的指南，其真实性则通过其在实践中的成效来检验。他坚信，人类的经验是客观存在的宝贵财富，需持续挖掘与探索，正是这些经验塑造了社会环境，而非环境独立于意识之外。

不过，杜威的实用主义哲学亦非尽善尽美。他对经验与环境关系的理解，在某种程度上忽视了客观环境的独立性，这是其思想体系中的一处不足。但不可否认的是，杜威的实用主义哲学紧密贴合了当时美国的国情，极大地推动了美国社会的发展，其影响力深远而广泛。

(二) 杜威的实用主义教育思想

杜威的教育理念强调教育的实用性，主张教育应服务于社会发展的需求。

他相信，通过教学活动和学生培养，学校应帮助学生更好地适应社会。为了实现这一目标，学校必须与社会紧密相连：一方面，学校应成为社会的缩影，为学生提供未来社会生活所需的技能和知识，以及与人交往的经验和能力；另一方面，学校不仅是学习的环境，也是开展社会民主活动的平台。

此外，杜威的实用主义教育理念强调教育活动应在促进学生心智成熟、知识积累、道德提升、思维创新和生活技能掌握等方面发挥积极作用。他的教育思想将培养能够适应社会发展、掌握必要生存技能的学生作为教育的首要任务。他主张学校教育应以经验为核心、以活动为导向，使学校超越单一的教学场所成为社会的雏形，让学生在这里学习到未来社会所需的技能和知识，同时掌握人际交往的经验和能力。这些都深刻体现了杜威实用主义教育理念的实用性和效能。同时，杜威的这一理念还强调教学活动应以学生为中心，而非以教师为中心，应以尊重学生的个性发展、促进学生的综合素质提升为核心，这充分体现了以学生为教学主体的先进理念。

（三）"从做中学"理论

杜威的实用主义教育理念深刻地体现了经验教育的特质。他主张教育即生活本身，强调学校教育应以"从做中学"为核心，坚持教育活动与生活实践紧密结合，反对将教育与生活割裂的教学方法。这一理念充分展现了杜威实用主义教育思想的经验主义特征。

"从做中学"的理论认为，人们对于"做"的兴趣和冲动源自主体与客体经验的交互。基于此，杜威提倡学校应成为雏形社会，通过设置工厂、实验室、农场、厨房等场所为学生提供一个模拟社会的环境，使他们能在其中学习感兴趣的专业和课程。他进一步提出，在教学过程中应设计和实施实践性生产场景，通过场景教学激发学生的创造性思维，并引导他们利用策略解决实际问题。这便是杜威"从做中学"教学理念的核心。

从杜威对教学的整体主张来看，他倡导学生在学校中获取生活和工作所需的所有知识。尽管他的教学理论在实施过程中存在局限性，但其创新性对当时的社会教育产生了积极影响。在研究地方工科院校产教融合培养实践型人力资源时，强调了产业与教学深度融合的重要性，突出了"做"与"学"相结合的必要性。地方高校，尤其是工科院校，在培养实践型人才时，应将理论与实际相结合，强化实践和学生的动手能力。杜威的"从做中学"理论要求用活动性和经验性的主动学习取代传统书本知识的主导地位，其理念若应用于我国教育，将对管理理念、师生关系、教学方法、评估方式等方面产生深远的影响①。

---

① 郭法奇，2014. 杜威与现代教育：几个基本问题的探讨 [J]. 教育研究，35（1）：117-123.

二、陶行知"教学做合一"理论

陶行知继承了杜威的教育理念，两者在教育思想上有着紧密的联系。杜威提出了"教育即生活"理念，强调"学校即社会"和"从做中学"的重要性；陶行知则发展了"生活教育"的概念，主张"生活即教育""社会即学校"以及"教学做合一"的3个核心原则。两者都重视教育与生活的紧密联系，并认为教育在社会变革中扮演着关键角色，提倡通过创办学校来实践他们的教育理念，强调教育的连续性。

陶行知不仅继承了杜威的教育思想，还深受中国传统哲学的影响，尤其是对王阳明的"知行合一"进行了深入研究。他仔细探讨了杜威的"从实践中学习"的教育方法，并致力于寻找适应中国国情的教育路径。同时，陶行知结合中国当时的具体教育状况，在实践中不断改进和完善，并形成了他"生活即教育""社会即学校"和"教学做合一"这三大教育理论。

（一）生活即教育

"生活即教育"构成了陶行知生活教育理论的核心，这一理论主张生活本身就是教育的体现，即人在生活过程中时时刻刻都面临受教育的机会，生活中的每一个场景、每一次事件都蕴含着教育的意义。教育者应该抓住这些瞬间，将其转变为宝贵的教育机会。同时，生活即教育也意味着教育不能与生活割裂，否则教育很容易会丧失了灵魂，变得毫无生气。生活的本质和内容决定了教育的本质和内容，也就是说，一个人过着怎样的生活，其实就在接受着与其生活相一致的教育。比如，一个生活优渥的富家子弟，即使每天阅读劳动的书籍，也不算接受了劳动的教育，相反，他接受的仍然是优质生活的教育类型；而一个生活在迷信环境中的人，即使他学习的是科学知识，也不算接受了科学教育。以此类推，陶行知的"生活即教育"理念强调的是，生活中蕴含着最大的教育，生活的教育对一个人的影响是至关重要的。这一理论具有鲜明的时代特色，对于批判传统教育和反对旧式教育具有极其重要的意义和作用，就是放在当代，仍然具有较强的指导意义。教育与生活是紧密相连的，教育可以改变生活，也可以服务于生活，并且成为推动生活向前、向上发展的动力。就现代社会而言，教育不应仅是消极地适应生活，而应积极地影响生活，促进和改造生活。

（二）社会即学校

"社会即学校"理论是"生活即教育"理论的深化，它从社会组织的视角出发。而"生活即教育"理论主张生活本身就是教育，社会的每一个角落都充满了生活，因此也充满了教育的可能。据此我们可以认为，社会不仅是生活的舞台，也应当成为教育的场所。社会本身就是一个教育的实体，一个广阔的学校。

因此，"社会即学校"理论强调，教育不应仅限于学校内部，而应涵盖整个社会，即教育是学校教育、家庭教育和社会教育的综合体。实际上，学校不可能涵盖所有的教育活动，它只是教育的一个凝缩，承担着部分的教育功能。因此，一个人只接受学校的教育显然是不够的，在校园之外，还有许多需要学习的知识和能力。同时，教育也不应仅仅局限于书本教育，还有实践的教育、生活的教育、社会的教育等。总之，一个人需要在社会中持续地成长，不断接受新的事物来积累阅历，成长自己，通过教、学、做、思考、精进的一系列过程来实现教育的最终目标。要达成教育的目标，必须理解"社会即学校"这一理念，彻底改变仅以读书为教育的传统学校教育观念。学校的教育无论是所教授的内容，还是持续的时间，终归是有限的。从广义上讲，社会是最大的教育场所，生活是终身的课堂。对于绝大多数人来说，都要从生活和社会中学习、成长，实现自我价值，成为对社会有贡献的人。

（三）教学做合一

陶行知基于"生活即教育"和"社会即学校"的理论，还提出了"教学做合一"的核心论断。这一论断不仅体现了"生活即教育"和"社会即学校"理念的实践路径和方法，而且是陶行知教学法的精髓所在。他通过对传统教育脱离生活实际的批判，逐步总结并实践检验了"教学做合一"的理念。陶行知主张："教的方法应基于学的方法，学的方法应基于做的方法。事情怎样做，就怎样学；怎样学，就怎样教。教与学都应以做为核心。"他认为，"做"是发明、创造、实验、建设、生产、破坏、奋斗和探寻出路的过程，是教师教和学生学的中心。在行动、思想和创造三者的关系上，陶行知用了一个生动的比喻："行动是老子，思想是儿子，创造是孙子。"他强调："行动是中国教育的起点，创造则是其终极目标。"[①] 他倡导的行动教育是让学生从幼年开始就学习使用和制作玩具、学具、工具等，而不是仅仅停留在传统教育的死记硬背上，从而失去行动和创造的本能。

陶行知的教育理论对当前以市场需求为导向的产教融合教育模式具有重要的指导意义。他的三大教育理论反映了知识与市场、教育与社会、理论与实践的同频共振。目前，地方高校普遍面临办学同质化问题，重理论、轻实践的教

---

① 胡晓风，2007. 陶行知教育文集［M］. 成都：四川教育出版社：122.

育模式导致学生实践能力不足，动手能力弱，无法满足产业发展的需求。因此，我们必须借鉴陶行知的教育理论，不断推进学校教育的改革，以适应经济社会发展的需要。

三、福斯特职业教育理论

20世纪60年代，西方的"发展经济学"曾风靡一时。以英国经济学家巴洛夫为首的主流学派主张，发展中国家应通过政府主导的、集中的、非市场化的计划经济手段来推动经济增长。在教育理论领域，这一观点体现为建议学校应根据政府的发展规划和人力资源预测有计划地培养人才，为经济发展储备必要的人力资源。这一理论获得了联合国教科文组织和世界银行等国际机构的支持，并在一段时间内为发展中国家的经济和教育的发展提供了可借鉴的模式。

不过，长期专注于发展中国家教育理论研究的专家福斯特，对巴洛夫等主流派的观点提出了质疑。他在《发展规划中职业教育的谬误》中阐述了自己的观点，这些观点虽然在当时属于少数派，但如今已经成为职业教育领域内最有影响力的主流学派之一。

（一）职业教育要以市场需求为导向

福斯特提出，职业教育的发展应以满足受教育者市场需求为目标，将就业机会和职业发展前景作为评估职业教育成效的核心标准。因此，职业技术教育的推进必须基于劳动力市场的实际需求。福斯特指出：以"发展经济学"为导向的教育体系存在培养过程与社会需求不匹配的问题，并将此现象称为"技术浪费"。福斯特深入分析了导致"技术浪费"的3个主要因素：首先，国家规划未能及时跟进市场需求，导致为推动经济社会发展而培养的人才无法被市场有效吸纳；其次，学校教育与市场需求脱节，导致所学与所需不符，教育内容与岗位需求不匹配；最后，受教育者对就业预期不满，导致教育成果未能达到预期目标，从而造成"技术浪费"。尽管这种以计划经济为主导的教育模式在短期内对发展中国家的发展起到了促进作用，但从长远来看，鉴于发展中国家资源的有限性，这种"浪费"现象更应引起足够的关注。

（二）计划教育无法解决职业教育问题

以巴洛夫为首的主流派别主张，通过职业化的学校课程引导学生的职业志向，以避免他们产生不切实际的就业期望，进而降低失业率。然而，福斯特持有不同观点，他认为学生的专业选择更多受到个人对就业机会看法的影响，学校课程在这一决策过程中所起的作用有限。失业问题的根源并不单纯是学校课程设置的不足，而更多是由于劳动力市场对受训人员缺乏实际需求。福斯特质疑基于简单预测的"人力规划"作为职业教育发展基础的有效性。20 世纪 60年代，"人力规划"曾风靡一时，大规模的人力预测结果被用作各级各类教育和人才培养的指导，对职业教育产生了显著影响。对此，福斯特持批判态度。他首先对人力预测的准确性表示怀疑，认为就业机会的增长率难以准确估计。其次，他担心人力规划的后果，因为如果经济增长无法吸纳人力规划培养的人才，不仅会导致人力和物力的浪费，还会加剧社会失业问题。值得注意的是，在计划经济体制下，大规模的计划往往难以实施，但与实际发展紧密相连的小规模培训计划仍然值得提倡。福斯特反对的是那种与市场需求脱节的"大规模"人力规划，他支持的是那些与实际发展紧密相关的小规模职业教育计划。这也是他强调的职业教育的发展必须以劳动力市场的实际需求为出发点思想的体现①。

（三）反对"学校形态"的职业教育

巴洛夫等人提倡通过职业学校培养发展中国家的初级和中级人才。然而，福斯特从职业学校体制内部指出了"学校形态"职业教育模式的局限性及其难以克服的缺陷：职业教育的高昂成本使得发展中国家难以承担，尤其是仪器设备方面的投资，往往超出了这些国家的承受能力。

此外，发展中国家的职业学校学生往往不愿放弃升学的机会，他们将职业教育视为升学的跳板，这与职业教育规划者的初衷相悖。学校提供的课程与实际工作岗位所需的经验往往不匹配，导致所学技能与现实职业需求不符，职业培训与实际工作环境脱节；同时，找到合适的师资也是一大难题。另外，职业学校的学制通常较长，大约 3 年，这使得它们难以对劳动力市场的需求做出迅速而灵活的响应。基于这些原因，福斯特提出了"职业学校谬误"理论，认为以学校为中心的职业教育最终难免失败的命运，因此，从结果来看，职业学校似乎是一种"谬误"。鉴于对学校形态职业教育的反对，福斯特认为，发展以企业为中心的在职培训计划比构建正规职业学校更为经济、浪费更少，因为企业更清楚培训"产品"的规格和要求，并且具备提供在职培训的优越条件。

（四）"产学合作"教学模式的兴起

基于"职业学校谬误"论，福斯特提出了一个观点，他认为职业教育在培

---

① 段雪辉，戴笑笑，2023.地方院校产教融合赋能乡村振兴研究［M］.北京：中国纺织出版社：6.

养人才方面具有规模效益的优势。然而，他也指出，职业学校存在一些难以克服的缺陷，这些缺陷可能会限制职业教育的发展。因此，福斯特强调必须对职业教育进行彻底的改造，以充分发挥其潜力。最重要的措施之一是走产学合作的道路，通过与产业界的合作，实现教育与实际工作的紧密结合。

具体来说，福斯特建议改革课程形式，倡导实施工读交替的"三明治"教学模式。这种模式将理论学习和实际工作紧密结合，学生可以在学校和企业之间交替进行学习和工作，从而获得更全面的实践经验。此外，福斯特还强调实践课程应尽量在企业进行，这样可以缩小正规学校职业教育与实际工作情景之间的距离，使学生能够更好地适应未来的工作环境。

在生源方面，福斯特提出可以招收在职人员，这样不仅可以为在职人员提供进一步的学习和提升机会，还能使职业教育更加贴近实际工作需求。通过招收在职人员，职业教育可以更好地了解和满足产业界的需求，从而提高教育质量和人才培养的针对性。

总之，福斯特认为职业教育和培训应该逐渐从学校本位走向产学合作，通过与产业界的紧密合作，实现教育与实际工作的无缝对接，从而培养出更多符合市场需求的高素质人才。

（五）提出职业教育与普通教育的互补关系

受"职业学校谬误"论的影响，福斯特强调职业教育必须建立在普通教育的基础之上。随着社会生产力水平的提升，生产过程对劳动者提出了更高的文化基础知识要求。学生拥有坚实的文化基础，不仅有助于他们未来的继续教育，也增强了职业转换的能力。因此，职业教育的开展应建立在扎实的普通教育基础之上。同时，福斯特反对巴洛夫提出的普通教育职业化理念，他认为是在普通学校增设职业课程，试图实现"普通教育职业化"，既不能实现普通教育的目标，也无法达到职业教育的目的。他主张发展中国家不应采纳这种职业教育形式。

尽管福斯特的职业教育思想主要形成于 20 世纪 60 年代中期，但其许多观点至今仍显示出强大的生命力。例如，"职业教育必须以市场需求为导向""计划教育不能解决职业教育的根本问题"及"在扎实的普通教育基础上开展职业教育与培训"等观点，已被证明与当前职业教育发展的实际情况相符。特别是，福斯特提出的"对职业学校进行改造，走产学结合的办学道路"是一种前瞻性的办学理念。由于职业教育与研究型高等教育不同，它更注重生产实践而非超前理论，强调技能和动手操作胜于理论思维。因此，注重"产学合作"，强化职业学校学生动手能力的培养，是一个永恒的主题，也是当前全球职业教育的主流认识。

需要指出的是，福斯特的职业教育理论主要基于当时非洲几个发展中国家的实践，因此不可避免地存在局限性。其核心局限在于几乎完全否定了学校形态的职业教育。福斯特对学校本位的职业教育持否定态度，这显然与我国的实际情况不符，这一点已得到普遍认同。学校本位的职业教育已成为我国教育体系的一个基本组成部分，并且在现实中，职业学校仍然是我国职业教育的主要办学形式。学校形态的职业教育具有其独特的优势，除了在人才培养规模上的优势外，它在培养学生文化基础和人文素质方面优势明显，其他形式的职业教育难以匹敌。即使在发达国家，学校形态的职业教育依然是职业教育的主流。尽管学校形态的职业教育存在局限性和一些缺陷，但通过改革办学形式、课程体系、教学方法等手段，可以有效弥补这些不足。此外，在多元化的社会背景下，不同国家和同一国家的不同地区对职业教育的需求多样化，因此应提倡多元化的职业教育办学形式。

第二节　产教融合的依据与原则

一、产教融合的依据

（一）政策依据

2019 年，《国家产教融合建设试点实施方案》通过，明确深化产教融合的战略性举措，试点布局产教融合型城市、行业和企业，建立激励政策体系。产教融合通过资源共享、优势互补，促进教育链、人才链、产业链和创新链衔接，但企业参与度不高，高校重理论、轻实践。《方案》提出"四位一体"政策措施，明确企业主体、高校改革主线和政府市场作用，推动产教融合进入新阶段。地方高校应抓住机遇、整合资源，推动产教融合，为经济社会发展提供人才保障。地方高校需明确以产教融合为核心目标，实现转型发展和可持续发展。国家将产教融合作为高等教育改革的制度性安排，地方高校应明确其为推动高等教育内涵发展的方针政策。

（二）大学逻辑依据

1. 知识逻辑

纽曼的大学理念，强调知识的整体性，提倡"泛知识论"和"自由教育"，认为大学应传授自由知识以培养学生的理智。他主张教学与研究分离，大学的主要职能是教学，特别是自由教育。纽曼认为自由教育具有真实和充分的实用性，旨在培养理智完美的绅士。

德国的洪堡则强调大学应传授和发展知识，并倡导"教学与科研的统一"。

他认为大学除了教学外，还应承担科学研究的职能。洪堡认为知识是一个整体，大学教育不应局限于专业教育，而应关注人类和世界的思考。

以知识逻辑为中心的讨论强调传授、发展、创新知识作为大学的核心价值。在知识社会中，大学应不断激发学生的好奇心和探索精神，传授独立学习和研究的能力，以应对社会对知识的不断更新需求。如果大学仅满足于传统知识和信息传递，将失去其应有的活力和价值。

2. 政治逻辑

以政治逻辑为中心的讨论是大学理念演化的一部分，强调大学为政治服务。马克斯·韦伯的科层制被视为西方社会理性化精神的重要体现，科层制理论促进了大学行政化改革，提高了办学效率，但也导致了"官本位"现象和大学知识属性式微。我国大学行政化形成有历史和制度因素，1949 年后建立的高度计划、统一、集权的高等教育管理体制是重要基础，同时"官本位"文化传统也加强了这一趋势。

3. 经济逻辑

20 世纪初，威斯康星思想提出大学第三大功能——社会服务，强调大学为区域经济发展服务，经济逻辑成为大学市场化的结果。经济逻辑强调大学从社会获取资源并回馈社会，培养社会需求的人才。随着时代变迁，大学边界与政府、产业交织，教育服务社会包括消费性和生产性服务。我国高等教育大众化须随之变化，但现实变化不明显，地方高校以教学和应用型人才培养为主。产教融合可开阔思路，促进高校多样化发展。无论逻辑如何演变，大学与政府和经济的密切关系不可否定。大学初心和使命是传承科学知识，提升学生能力。产教融合是发展战略的重要部分，大学须铸就持续发展能力，适应社会变革。

二、产教融合与内涵式发展

党的二十大报告指出，要坚持为党育人、为国育才，全面提高人才自主培养质量，着力造就拔尖创新人才，实现高等教育内涵式发展。这是国家对高等教育的明确要求和人民的期望。2019 年《中国教育现代化 2035》提出优先发展教育，推进教育现代化，提高教育质量，推动内涵式发展。内涵式发展是党中央对高等教育发展方向的顶层设计，区别于外在性发展，是从事物本质出发的内在性发展，强调内部各要素的协调推进，内容丰富、有活力。内涵式发展是基于数量增长和规模扩大的转型升级，要求转变外延式发展模式，通过内生性、协调性发展，实现结构优化、机制创新和潜力挖掘，追求速度、结构、规模、质量和效益相统一的可持续发展。

（一）内涵式发展是建设高等教育强国的现实需要

实现高等教育的内涵式发展，已成为我国高等教育方针政策演变的必然趋势，同时也是新时代构建高等教育强国的核心需求。早在 2010 年，中共中央和国务院发布的《国家中长期教育改革和发展规划纲要（2010—2020）》中明确提出了注重教育内涵式发展的要求，使得"内涵式发展"这一概念重新成为高等教育政策文件中的关键词。自那时起，"内涵式发展"便频繁出现在推动高等教育发展的各项重要政策文件中，其内涵不断丰富，并逐渐确立为新时代我国高等教育发展的核心理念，对促进我国高等教育现代化具有深远的指导意义。

从国际视角来看，当前世界正经历着大发展、大变革和大调整的时期，世界多极化和经济全球化不断深化，科技迅猛进步，各国对人才质量的需求日益提高。在国内，随着政治、经济、文化等领域的全面建设及发展方式的转型升级，我国已迈入中国特色社会主义新时代，这凸显了培养创新型人才的紧迫性，并对教育特别是高等教育的发展提出了更高标准。

观察我国高等教育的整体发展态势，经过多年的扩张性发展，高等学校的数量和规模都有了显著增长，在解决了一系列问题的同时，新的挑战也不断出现，如失业问题、教育资源分配不均和考试公平性问题，这些都阻碍了我国高等教育的进一步发展。与以往依赖数量和规模扩张的发展方式不同，新时代更需要通过挖掘现有高校的内在潜力来提升高等教育的质量。

规模、质量、结构和效益是衡量高等教育发展的 4 个关键维度。长期以来，我国高等教育过于重视规模扩张，导致结构、质量和效益问题凸显，地方高校服务社会的能力相对减弱。一个国家是否为高等教育强国，核心在于教育质量，这不仅体现在是否拥有合理的高等教育结构与布局，还体现在是否拥有若干所世界一流大学、高素质的教师队伍以及强大的国际竞争力。同时，还需考察高等教育对本国经济社会发展的促进作用以及对世界的影响力。内涵式发展的本质在于追求"质量、结构、公平和制度"等要素的统一、协调和可持续发展，这是建设高等教育强国的必由之路。地方高校应根据高等教育的发展现状及其所处的政治经济环境充分认识到提高教育质量是高等教育的生命线，实现高校内部结构优化与外部功能协调的有机统一，以内涵式发展为主导，提升人才培养、科学研究、社会服务和文化传承创新的能力。

（二）产教融合和内涵式发展的逻辑关系

内涵式发展与产教融合构成了战略目标与发展模式的紧密联系。内涵式发展不仅是实施产教融合的核心要义，也是地方高校转型发展的内在需求，更是促进地方高校治理能力与治理体系现代化的关键目标。与此同时，产教融合体现了地方高校内涵式发展的核心价值。两者在提升教育质量的目标上达到了高度统一：缺乏内涵式发展，产教融合将无法实现；反之，若不推进产教融合，地方高校的内涵式发展也将因缺乏必要的内外部支持而停滞不前。

1. 目标导向一致性

我国高等教育的主要结构特征体现为高水平大学与地方高校的二元共生体系。当前，国家推行的"双一流"建设战略主要聚焦于提升高水平研究型大学的建设，这成为这些大学深化内涵建设的关键手段。对于地方高校而言，产业与教育的深度融合成为其内涵式发展的核心目标，也是推动其内涵式发展的关键方向。地方高校应以产教融合为指导，推动自身的转型与升级，摆脱单一的学术导向，建立应用型与学术型并重的双轨评价体系，并重视学校教育与社会需求的对接。

地方高校的内涵式发展必须以产教融合为指导，全面革新教育理念、培养模式、教育内容和管理制度。应与行业发展紧密结合，确立以学生为中心的教育理念，围绕提升学生素质更新教育内容，构建以学习为主导、教学相长的教学模式，并实现从专业管理向课程管理的转变。产教融合的核心服务对象是学生，旨在提高学生能力与产业需求的匹配度。通过教育各要素与产业发展的有机融合，增强教育的针对性和适应性，进而通过学生能力的提升促进产业结构的优化升级。

2. 政策导向的统一性

党中央对产教融合非常重视，描绘了内涵式发展的宏伟蓝图，并由政府推出了多项相关政策。教育部及其他相关部门发布的多份文件都曾强调，地方高校应致力于培养紧缺的应用型、复合型、创新型人才，以解决高等教育结构上的矛盾，并防止教育内容的同质化。地方高校的转型并非降低教育层次，而是旨在实现产业与教育的深度融合，转变传统的人才培养模式。

2017年，教育部启动了"新工科"建设，以"复旦共识""天大行动"和"北京指南"新工科建设三部曲的先后出现为标志。新工科建设以问题为导向，设计了"改革六问"，在顶层设计和实施路径上与产教融合保持高度一致。产教融合是高等教育内涵式发展政策的具体体现，也是建设一流高职教育的具体实践。目前，产教融合已经成为地方高校深化改革和转型发展的自觉选择[①]。

3. 实施路径的一致性

地方高校内涵式发展是一项复杂的系统工程，其核心是以学生为中心，通过优化结构、发展特色和全面改革，提高人才培养的社会适应性，进而提升高

---

① http://edu.people.com.cn/GB/n1/2019/0426/c1006-31051990.html.

等教育的整体质量。产教融合明确提出了构建教育与产业统筹融合发展的格局，要求地方高校积极融入国家创新体系和新型城镇化建设，促进学科专业建设与产业转型升级的同步发展。高校应以产业需求为导向，完善人才培养的调整机制，建立学术型人才和应用型人才的分类培养体系，并提高应用型人才的培养比例。同时，通过产教融合推动学校治理结构的改革，鼓励社会各界参与学校治理；加强产教融合的师资队伍建设，打造高水平的"双师双能"型教师队伍，并完善适应应用型高校发展的教师评价体系。这一系列的改革措施表明，产教融合与内涵式发展在实施路径上具有高度的一致性。

三、地方高校产教融合的改革目标

（一）努力提升学生的成就感

现代大学的含义源自西方，自其诞生之日起，关于大学的理念便持续演变。德国杰出的教育改革家洪堡提出，大学不仅应传授知识，还应致力于"发展"知识，教师的主要职责是自由地进行"创新性研究"。进入 20 世纪 30 年代，美国大学的开拓者弗莱克斯纳继承并发扬了英国和德国的大学理念，他主张"大学的宗旨在于培养人才、进行科学研究以及提供社会服务"。无论大学理念如何演进，其"初衷"始终如一，即通过教育将科学知识传递下去，使后人能够掌握更加清晰、准确的知识，进而提升个人的思想和能力，促进文化的传承与发扬。

产教融合的初始阶段聚焦于职业教育以满足产业需求，通过人才链服务产业链，解决职业教育无法适应产业需求的问题。目前，产教融合应提升至职业教育与高等教育整体教育体系与产业体系发展方式的变革，成为产业结构调整和高等教育综合改革的整体制度设计，构成国家发展战略的关键组成部分。

评价大学的水平，不应将视角仅局限于科研水平，而应首先关注教育能力和学生在校的成就感。课程教学是反映一所学校教育水平的核心指标，只有那些能够反映社会发展需求的课程教学，才是提升学生成就感的途径。只有增强学生的成就感，高校才能构建持续发展的能力，使学生能够实现学以致用，从而促进高校与学生共同自我发展、自我完善，不断适应社会的快速变化。

（二）致力于提升高职教育品质

打造顶尖高职教育、培育卓越高职人才，已经成为我国高等教育界的广泛共识。特别是自 2018 年高职教学会议提出建设一流高职教育的目标以来，我国高职教育迈入了崭新时代。随着《关于深化职业教育教学改革 全面提高人才培养质量的若干意见》的发布，在全国范围内掀起了一股高职教育改革的热潮。

地方高校要建设一流的高职教育，从根本上需要在教育理念、培养模式、教育内容和教学管理4个方面着手改革。这4项改革内容必须与产业发展紧密结合。地方高校应紧密贴合行业发展，确立以"学生为本"的教育理念，围绕"提升素质"更新教育内容，构建"以学为主、教学相长"的教学模式，并将教学管理从"专业管理"转向"课程管理"。产教融合的服务主体是学生，旨在拓宽学生的视野，将学术课程与职业课程相结合，加快学生适应就业市场的步伐。同时，通过教育各要素与产业发展的有机结合，提高教育教学的针对性和适应性，从而提升高职教育的品质。

（三）努力提升地方高校服务社会的能力

自2017年2月起，教育部积极推行新工科建设，陆续确立了"复旦共识""天大行动"及"北京指南"，并发布了《关于开展新工科研究与实践的通知》和《关于推荐新工科研究与实践项目的通知》，致力于探索并形成引领全球工程教育的中国模式和经验，以支持高等教育强国的建设。新工科建设的核心内容之一是推动产教融合。产教融合与新工科在顶层设计和实施路径上高度一致，这决定了地方高校在实施产教融合战略时必须与新工科建设相结合。从顶层设计的视角来看，国家在推动产教融合战略和新工科建设上的目标是一致的，这体现在推进国家产业结构改革与高等教育供给侧结构性改革、促进行业转型升级与高校转型发展，以及满足行业企业岗位能力需求与提升高校人才培养质量等方面。从实施路径来看，产教融合战略与新工科建设都强调加强企业的核心地位，鼓励行业企业和社会组织整合校企资源，建立校企协同合作的长效机制。产教融合和新工科都能有效地将产业链与人才链、教育链与创新链有机地结合起来，实现人才、技术、资源的有效集聚，促进校企双方的双向协同育人。

（四）致力于打造卓越的应用型教育体系

教育的核心在于培养人才。我们必须坚持科研与应用并重，引领学科专业体系的建设，通过产业与教育的深度融合，创新课程教学方法论，以适应性为指导，不断优化一流的应用型人才培养体系，全面提升应用型人才的培养质量。

依托产业与教育的融合，我们需优化专业结构并完善调整机制。建议成立由行业、企业及高校专家组成的学校发展规划执行委员会，对专业设置进行审议。利用第三方评估机构，为用人单位对专业人才的需求进行深入调查，并根据社会需求与学校实际及时调整专业布局，集中资源打造社会急需的特色优质专业。根据学校实际情况，适度增加相关专业的招生人数。对于那些社会急需但因条件限制无法新开设的专业，学校可以考虑通过改造传统专业、调整培养方案、实施学生辅修制度等途径，培养应用型和创新型的技术人才。

基于产教融合，还应创新教学模式，总结并推广卓越计划的实践经验。打破以理论知识为中心的传统教学模式，构建以实践为核心的教学体系。转变学生的学习和思维习惯，培养他们的实践、创新和应用能力。通过与行业企业的专家合作，共同制定培养标准、培养方案、教学大纲，组织教材编写及教学评价，确保学生满足行业发展的需求。通过实施企业学习、双导师制、实践实训等教学模式，为学生提供丰富的实际工程体验，帮助他们在实践中深化理解，从感性认识上升到专业理论的牢固掌握和灵活运用。通过推进学分制和模块化教学，为不同专业的学生设计多样化的人才培养方案，实施因材施教，实现个性化培养。

第三节　产教融合的特点与作用

一、产教融合的特点

经过多年的发展，产教融合积累了丰富的经验。在梳理这些经验的基础上，我们可以总结出其显著特点。通过文献回顾和国际经验的比较，我们发现德国的双元制、美国的合作教育模式以及英国的工读交替模式都具有重要的借鉴价值。在中国，产教融合也取得了显著成就。早期的产教融合主要以校企合作的形式存在，其中几个典型的模式包括"学院＋创业中心区""专业＋大型企业""专业＋龙头企业＋企业联盟""专业＋校办企业"及"专业＋行业协会"。这5种模式都是职业院校根据当地经济发展需求创新设计的，它们体现了产教融合的初步特征。

尽管这些模式在不同程度上推动了高等职业教育的发展和产教融合的深化，但它们主要侧重于产业与教育的结合，结合的深度和广度尚未完全达到产教融合的理想状态，也未能充分展现高等职业教育的高层次和校企合作的深度。因此，整体上尚未实现产教融合的全面效果，其成功经验也难以广泛推广和复制。为了适应社会主义市场经济中产业结构的持续调整和变化，高等职业教育的产教融合必须是行业、产业、企业和地方院校等多方主体活动特点的深度融合和体现，并应具备新的特质和功能。

（一）立体式融合

社会主义市场经济追求多元化，产教融合作为服务于社会主义市场经济的一种方式，其发展路径自然也会受到社会主义市场经济的深刻影响。在发展过程中，产教融合更倾向于采取立体式的融合策略。与平面融合相比，立体式融合在层次上更为丰富。校企合作通常被视为一种层次较低的平面融合形式。而产教融合则是一种更高层次的立体式融合，它突破了传统单一或双向合作的限制，实现了在生产、教育和研究 3 个方面的全面而深入的合作。通过这种融合，组织不仅成为生产主体，具备企业创造经济效益的功能，还能培养出满足产业发展需求的专业技术人才，为产业的可持续发展提供持续的智力支持。

对比产教融合与传统模式下培养的人才，我们可以明显看到两者之间的差异。产教融合模式下培养的人才拥有更强的可持续发展能力。从另一个角度来看，企业的需求也能为学校的教育教学改革指明方向和目标，确保高职教育能够满足行业需求。融合的组织能够科学配置内部资源，开展基础研究、应用研究和开发性研究，为产业发展提供强有力的技术支持，并为学校教育内容的更新提供最前沿的信息资源，确保教育内容与时俱进。这三者融合形成一个良性的循环体系，通过开展教学、科研、生产等服务活动，在促进内部发展的同时，不断向外辐射，发挥其更大的社会效应和作用。这种立体式的融合对于经济发展和社会进步具有极其重要的推动作用，同时反过来也促进了教育的发展和进步。

（二）社会主义市场经济产业化发展的融合

社会主义市场经济产业化发展，指的是在社会主义市场经济的框架内，某一产业以行业和企业实际需求为指导，以追求效益最大化为目标，依托专业服务和产教融合，实现系统化和品牌化的经营策略与组织结构。其核心特征包括：市场导向、行业优势、规模经营、专业分工、跨行业协作、龙头企业引领以及市场化操作。

对于那些不符合市场需求的项目，必须遵循市场准入和退出机制，及时停止不必要的投资，以防止在产教融合过程中出现机制的片面性。因此说，社会主义市场经济产业化发展的产教融合是一种以市场需求为导向的融合。它在学术研究领域内实现规模扩大和实力增强，通过分工合作和强强联合，能够创造出优异的市场发展前景。这种融合具备其他组织难以复制的竞争优势，能够塑造独特的品牌，在市场中确立核心竞争力。同时，它还能形成一定的规模效应，推动其他合作项目持续深入发展，并严格遵循市场规律进行运作。

（三）以企业需求为出发点

教育的核心目标在于培养人才。在早期教育体系中，与企业需求的对接并未得到充分重视，而产教融合在这一方面则走在了传统教育的前面。产教融合的初衷正是源自企业的需求。企业参与人才培养的整个过程，能够最大限度地表达自身需求，并在课程设计中逐一得到满足。

在传统的高职教育产教融合实践中，形式主义以及学校单方面热情的现象并不鲜见。每所地方院校在产教融合的实践中都或多或少地遭遇了这些问题。分析其原因，主要是合作双方在初期未能找到互利共赢的路径。许多企业因政策压力或学校的单方面愿望，在未找到双方合作的契合点时，便盲目地进行形式上的校企合作，缺乏深入调研。

这种形式的产教融合与社会主义市场经济的需求导向背道而驰，无法产生积极的效果。真正实现产教融合的机构，会以企业、学校及相关合作部门的需求为前提，结合市场变化，明确供需状况，确定各自的实际需求，并寻找利益的结合点开展合作。在满足自身需求的同时，为市场的供需均衡做出贡献，并根据供需变化调整需求发展战略。这样不仅解决了合作的随意性和被迫性问题，也提升了合作双方的积极性和主动性。

（四）多主体管理的融合

产教融合本质上是一个重新确认组织主体地位的过程，同时也是社会主义市场经济条件下确保产教融合活动获得法治保障的核心要素。过去，众多校企合作活动难以实现产教融合的主要障碍在于未能明确各参与主体间的权利与义务关系。这种关系的模糊性导致了合作难题，进而影响了校企合作的进展。产教融合的主体正在经历悄然的转变，从学校向企业和行业转移，这一变化既与社会发展紧密相关，也与教育的进步密不可分。基于此，在高效的产教融合组织中，学校、企业、政府、行业协会等应各司其职、协同管理。在开展任何活动之前，各方都必须明确自己的权利与义务，并对其结果承担最终的法律责任。这种做法不仅能够增强企事业单位对工作的责任感，发挥其主导作用，还能使学校与合作单位在管理活动中更加合法、有序，从而避免产教融合管理工作的混乱无序。

二、产教融合的作用

产教融合指的是将产业实践与教育过程紧密结合，实现理论知识与实践技能的和谐统一，从而增强学生的实际操作能力。通过产教融合和校企合作，学生除了理论学习外，还能获得丰富的实践机会，进而提升其职业能力和实际操作水平。产教融合促使企业、学校、政府和社会组织等多方协作，实现资源的整合与优化配置，达到互补优势、共同进步，进而提升教师的专业素质。产教融合为高职教师带来了新的挑战和要求，教师必须不断自我提升，以适应产教融合的教学模式。基于此，产教融合对于提高教师的产教融合能力具有显著的积极作用，有助于推动教学改革的进程。产教融合代表了高职教育的新趋势和新思维，是高职教育创新的体现。在探索和发展产教融合教学模式的过程中，高职的课程设置、教学内容和评价方式等都需要进行相应的调整和改革，以促进高职教育改革的深入发展。产教融合的核心目标是通过创新教育方式、整合教育资源、提升教育质量，旨在提高学生的岗位技能和实践能力，满足社会的需求。同时，产教融合对于企业的技术革新、生产效率和水平提升具有积极作用，有助于推动企业的快速发展和高质量增长。因此，产教融合是实现学校与企业共同进步、全面提升的有效途径，集中体现了高职教育的社会价值、经济价值。产教融合鼓励高职教育根据企业需求培养人才，将理论学习与实践技能传授及科学研究相结合，为企业的发展提供坚实的人才和智力支持，从而增强我国企业的整体竞争力，推动社会主义市场经济的快速发展。

地方院校培养的人才是否合格，企业是最有发言权的；地方院校的办学水平高低，取决于其"产品"——学生是否受到社会的欢迎。为了培养高素质的技术技能型人才，地方院校必须将教学过程与企业的生产岗位紧密结合，利用企业的技术、设备、生产、工艺和管理优势，将学校的教育功能与企业的生产需求相结合，使学校办学具有特色，学生学有所长，走上健康发展的良性循环道路。

（一）产教融合是高职教育的发展方向

"工学结合""校企合作""产学结合""产学研结合"及"产教融合"均为职业教育产教关系的不同表述，各具历史背景且生命力长久。其中，"工学结合"最早提出，关注微观层面学校"学习"与企业"工作"的衔接；"校企合作"侧重中观层面的多方合作，但缺乏宏观规划；"产学结合"及"产学研结合"虽开始思考宏观层面，但仍受中观理念制约；"产教融合"则采取全方位视角，提出宏观层面教育部门与产业部门的融合，须宏观顶层设计、中观组织参与及微观实践，相比"结合"和"合作"，"融合"更强调主体间的深入关系，是职业教育产教关系内涵的提升。

（二）产教融合是高职教育的价值体现

目前，我国的高等职业教育正处于一个关键的快速发展时期。积极扩展高等职业教育的规模，是建设人力资源强国的必要条件。高等职业教育的办学理念强调"以服务为宗旨，以就业为导向，坚持产教（学、研）融合的发展路径"。

1. 高职教育致力于培养技术技能型人才

高职教育致力于培养具备技术技能型的专业人才。这一目标明确了教育与产业的紧密结合、师生与实际劳动者的紧密联系、理论与实践的紧密结合是培养此类人才的基本途径。教育正从封闭走向开放，与产业的紧密合作已成为地方院校的发展战略。积极探索产教融合、工学结合的教育模式，推动高职教育从计划培养向市场驱动转变，从传统的升学导向转变为就业导向，全面提高学生的工作能力、就业能力、职业转换能力、创新创业能力等，建立和完善毕业生就业和创业服务体系，是当前职业教育亟须解决的关键问题。以就业为导向，推进产教融合、工学结合，是适应经济社会发展、提高毕业生就业率、满足企业人才需求、实现学校和企业双方受益及多方共赢的有效途径。产教融合不仅是高职教育的办学方式，更是其办学方向。落实以就业为导向的办学目标，追求培养目标与岗位标准的"零距离"，必须重视教育过程的"零距离"。在教学计划中，课程体系应遵循工作过程；在师资要求上，教学模式应符合工作模式；在教学过程中，教学内容应覆盖岗位能力；在教育评价上，教育考核应达到能力的综合检验标准。在上述教学过程中，缺乏产教融合，改革将难以实现。

2. 产教融合是高效的人才培养途径

对于地方院校来说，通过与企业紧密合作，积极回应企业需求，是培育高素质技术技能型人才、促进高职教育又快又好发展的关键路径。院校需同时注重规模和速度，以及质量和内涵，确保两者均得到强化。高职教育必须面向市场，采取开放办学策略，致力于服务企业。通过产教合作，学院能够设立与市场需求相匹配的专业，推动课程体系的革新，优化教师队伍结构，创新师资培训方法，建立稳固的实习实训基地，完善实践教学设施，拓展教育和培训服务范围，提升教学品质，推进"双证书"制度，从而增强学校的知名度和市场竞争力。

3. 产教融合能够缓解地方院校的现实困境

产教融合有效缓解了地方院校面临的资金短缺和实习设备陈旧的问题。由于各种原因，高职院校采购的实习和实训设备常常是市场上已经过时的机器，使得学生学习的专业知识和技术无法与社会技术进步保持同步。许多学生在进入工厂工作时，不得不重新熟悉机器操作，从头学习系统使用，这一过程常被戏称为"慢三拍"，这也反映了社会企业对高职教育的直接评价。地方院校通过引入企业合作，或在校外企业设立实习和实训基地，使学生在校期间就能参与企业的实习和实训。这不仅使学生有机会接触和掌握最先进的设备和技术，毕业后能更快地适应企业的生产环境，同时也为学校节省了购买实训设备和建设实习基地的巨额开支。

4. 产教融合有利于建设一支过硬的师资队伍

当前，地方院校的教师多数直接来自高职院校，他们拥有高水平的专业知识和丰富的理论基础。然而，他们往往在知识应用和实际操作方面存在不足，这在很大程度上限制了职业学校教学质量的提升。为此，学校建立了实习基地并发展了专业产业，为教师，尤其是专业课教师，提供了参与实践和提升实际操作技能的机会。在实际工作中，教师将理论知识与生产实践相结合，将教学与科研相融合，这不仅有助于提升他们的业务素质，也显著提高了教学品质。对于地方院校而言，建立一支高素质的师资队伍具有极其重要的意义。实践已经证明，产教融合是推动和谐社会建设的有效实践和关键策略。从学院的角度出发，学院期望通过加强与企业的产学合作关系，进一步深化校企合作，在产教结合方面取得实质性进展，并实现学校与用人单位的互利共赢。

5. 产教融合直接切入社会发展的需要

高职教育的发展遵循基本规律，同时也体现了其价值取向，这主要反映在高职教育对社会发展和人的发展所发挥的作用上。特别是在社会发展的背景下，高职教育与政治、经济、文化、科技等领域紧密相连，并发挥着直接的作用。在推动经济发展的过程中，职业教育与经济相互促进、共同成长。职业教育为各行各业输送了必需的人才，而经济的繁荣也日益依赖于职业教育的支撑。在那些职业教育发达的国家，经济水平往往也较高。经济与职业教育之间的关系是辩证的：一方面，经济发展的水平决定了职业教育的发展水平；另一方面，职业教育通过培养大量高素质的劳动者，促进了社会经济的进步，并展现了其强大的经济功能。因此，妥善处理产业与教育的关系对于提升职业教育服务经济发展的能力和水平至关重要。"产教融合"的概念正是为了满足这一需求而提出的，其核心在于解决职业教育中产业与教育之间的矛盾和冲突，促使产业主动承担社会责任。这意味着在培养社会经济发展所需人才的过程中，产业应履行其应有的责任和义务，确保教育与产业需求紧密结合，真正实现人才培养与促进产业发展的目标。

（三）产教融合有利于专业建设

产教融合与校企合作是培养技术技能型人才的国际职业教育成功模式。在我国，这种模式的呼声和需求根植于深远的教育和经济背景。当社会经济发展的轨迹发生转变时，企业与高校的紧密合作使得企业能迅速感知变化，并将所需人才的培养标准及时反馈给高校。高校随即做出调整，确保专业定位与时俱进。在教育层面上，我国职业教育的一大特色是职业学校作为主体，培养初入职场的技术技能型人才。然而，经济领域的行业企业与正规职业准备教育相对脱节，导致职业院校对产教融合和校企合作的需求特别强烈，但目前尚面临诸多挑战。在经济领域方面，我国正处于工业化中期，正努力实现产业升级转型，建立创新驱动的现代产业体系，这迫切需要复合型和创新型技术技能型人才，进而推动行业企业进行变革。

面对发展中的体制机制的障碍和实践问题，保障技术应用与技能人才发展的研究具有重大意义和价值。校企合作和工学结合的职业教育人才培养模式是培养技能型人才的有效途径，体现了职业教育的本质特征。培养技能型人才的任务需要职业院校与行业企业共同承担，这一点正逐渐成为职业院校、广大企业和社会各界的共识。

从"单维"管理理念向"多元"治理理念转变，在治理理论的指导下，借鉴国际经验，研究职业教育多元治理主体的权责、实行管办评分离、多样化治理工具、完善的治理制度体系、治理指标体系、治理的制度包与工具包等，具有巨大的经济意义和社会意义。首先，完善职业教育治理体系、实现职业教育治理能力现代化，将有助于培养数以亿计的技术技能型人才，并促进其可持续发展。这将有助于突破职业教育的制约瓶颈和困境，增强其服务产业结构调整和经济发展方式转变的针对性和实效性。其次，对职业教育治理体系和治理能力现代化的研究，有助于促进我国社会民主政治建设水平的全面提升，增强人民群众终身学习的途径和机会，依靠职业教育提升国民素质和发展能力，提高顺利就业和幸福生活的民主和谐水平。

（四）产教融合有利于课程建设

课程体系作为学科发展的基础，承载着企业岗位技能的实现，通过特定课程培养相应的岗位技能。在职业院校的校企合作中，既有历久弥新的传统问题，也有随着发展而出现的新挑战，这些问题需要政府全面考虑并制订解决方案，以推动合作的深入发展。企业对岗位职责有着深入的理解，并能对各种工作任务职责进行详尽的规划，进而将这些职责标准转化为课程标准，将企业项目实例转化为课程教学案例。

我国职业教育校企合作面临的问题涉及政府、行业、企业、院校和学生五大方面，这些问题构成了系统培养适应经济转型和产业结构升级需求的高端技能型人才的重大障碍，也是当前中国职业教育宏观政策亟须解决的关键问题。在职业教育校企合作中，主要问题包括企业主体的缺失和行业企业参与不足，这反映出在经济领域缺乏支持产教融合的配套制度。产教融合不应仅限于教育制度，更应成为经济制度和产业制度的一部分。

（五）产教融合有利于提升教师的社会服务能力

校企双方经常互派人员进行轮岗实训，企业派遣专业技术人员到学校为师生授课，有助于提升师生的实践操作能力；同时，地方院校派遣教师到企业锻炼，在生产一线，教师的实践技能得到显著提升。深入研究和探讨校企合作促进政策的制定与执行是一项关键的挑战，这需要我们深入挖掘存在的问题，如我国职业教育的主体是职业院校，主要由教育部门统筹管理，但教育部或任何单一部门都无法独立解决职业教育校企合作中跨部门、跨领域的问题。运用理论分析其原因，并从国家宏观政策层面考虑解决方案。

职业教育采用校企合作和工学结合的人才培养模式，不仅是培养应用型、技能型人才的基本途径，而且符合我国关于教育与生产劳动相结合、培养全面发展的高素质人才的基本教育方针，为加快制定国家职业教育校企合作促进法规提供了宏观性的思想框架。鼓励地方先行先试，吸收地方创新经验。许多地方对校企合作的认识水平不断提升，意识到人才培养合作项目的收益与产品研发等合作项目的收益相比，虽然回报较低但投入较大。地方院校教师虽然掌握丰富的理论知识，但在实践技能方面相对欠缺，且大部分地方院校教师缺乏项目经验，通过产教深度融合可以显著提升师资水平。教师在企业中亲身体验实际工作，掌握实用技能后，结合自身深厚的理论知识，能够提出创新性的解决方案，帮助企业解决实际问题。

正是基于这些原因，国家需要统筹职业教育校企合作政策，并进行顶层设计。国家应从教育、经济和劳动3个方面建立法律性框架。目前，《中华人民共和国教育法》《中华人民共和国劳动法》和《中华人民共和国职业教育法》中关于教育与生产劳动相结合、教育为经济建设服务、经济建设依靠教育以及职业教育校企合作的规定，对促进校企合作的发展起到了一定的作用，但这些条款大多是宏观性的规定，与建立良好的职业教育产教融合制度的需求之间还存在差距。因此，需要国家从教育、经济、劳动3个领域修改现有法律并新增相关法律，为加快建立国家职业教育产教融合校企合作制度提供宏观性的法律框架。调查显示，在企业能为职业院校提供的资源中，提供实训设备、为学校提供资金等支持被排在末位，因此，参与职业教育的企业还需要政府优惠政策的引导。

（六）产教融合推动产业竞争力的发展

增强产业的自主创新能力是构建创新型国家的关键需求，而产学研合作则是推动产业创新与发展的关键路径。党的二十大报告进一步强调"推进职普融通、产教融合、科教融汇"。深化产教融合协同育人，实现教育链、人才链与产业链、创新链的有机衔接，是培养适应产业转型升级和实现高质量发展需要的高素质应用型人才的必要路径。企业对于创新与高技能人才的需求日益迫切，同时，引进和转化实用技术和科研成果、与高等教育及职业教育的合作，已经成为企业战略规划的重要组成部分。面对高端、现代、新型、集约化的经济特征，企业对高素质劳动者和高质量职业教育的需求愈发强烈，技术创新也必须依赖于高水平的人才队伍。通过产业与教育的深度融合，可以培养出更适应企业、行业和社会需求的人才，减少就业适应期，降低企业的培训和劳动成本，从而显著增强企业的市场竞争力。

产业与教育的融合，满足了企业培养人才的内在需求，有助于企业有效实施人才战略。在职业教育领域，技工教育与企业需求紧密相连，其地位尤为显著。企业积极参与技工教育的举办，其主要动力源于对应用型人才的持续追求。打造一支符合企业特色、不断更新的应用型人才队伍，是企业实施人才战略的核心所在。因此，企业仅关注技工教育的发展是不够的，因为具有企业特定需求的应用型人才，无法通过社会举办的技工教育直接获得。换言之，社会提供的技工教育无法直接为特定企业培养和输送个性化的人才。因此，企业希望通过合作办学的方式，培养出符合自身特色的应用型人才，这正是企业与技工学校合作举办技工教育的核心意义所在。随着社会经济的发展，企业对于参与技工教育的需求将越来越强烈，并将成为更多企业家的共识。

（七）产教融合有利于学生的全面成长

职业教育旨在培养经济和社会所需的生产、服务、管理领域的高级应用型人才。这些人才最显著的特征是他们具备强大的实践技能。然而，长期以来，由于受到学校仪器设备、实习和实训条件以及师资力量的限制，大多数职业院校缺乏培养技能型人才的必要实训环境。这使得学生在校期间主要学习理论知识，而实际操作能力相对薄弱，毕业后难以迅速适应企业的需求，导致工作磨合期延长，影响企业的生产效率和管理效能。此外，随着市场变化，企业生产工艺的改进和生产设备的更新换代速度加快，学校往往难以保证实训条件与企业同步更新。同时，学校环境与企业生产环境之间存在显著差异，导致课堂教育与现场教育效果迥异。

产教融合为学生提供了实习和实训的场所，使他们有机会深入生产一线学习和锻炼，亲身体验企业文化，提升职业素养和技能，快速完成从学生到员工的角色转变，并为就业提供了一个过渡平台。合作企业通常也会接纳部分学生就业。从国家就业的角度来看，产教融合有助于解决学生的教育和就业问题，减轻众多家庭尤其是弱势群体的负担，从而促进社会稳定和国民经济的发展。

第二章
产教融合背景下人才培养理论

在产教融合的大背景下，高职院校人才培养模式的创新离不开坚实的理论依据支撑。本章将深入探讨激励理论、人本主义学习理论、建构主义理论、利益相关者理论以及教育与生产劳动相结合理论在高职院校人才培养中的应用与启示。这些理论不仅为人才培养提供了多元化的视角，也为构建适应产教融合需求的人才培养模式提供了有力的理论支撑。

第一节　激励理论

一、激励理论

激励理论在管理学中占据核心地位，它探讨如何通过特定的策略和管理体系来提高员工对组织及其工作的忠诚度。这一理论涵盖了满足个体多样化需求、激发其积极性的基本原则和方法。在校企合作培养人才的过程中，激励理论扮演着极其重要的角色，不仅可以增强学生的学习动力，还能显著提高教学质量，并促进学生专业技能的快速发展。

通过合理运用激励理论，可以激发学生和教师的内在潜力，从而提升校企合作的整体效果。例如，通过设立奖学金、表彰优秀学生和教师、提供实践机会等方式激发学生对专业技能学习的兴趣和热情。同时，激励机制也能鼓励教师更加投入教学和研究工作，不断提高教学方法和内容的创新性。

此外，激励理论还强调对个体成就的认可和奖励，这有助于建立积极的学习氛围和工作环境，让学生和教师都能感受到自己的贡献被认可和重视。这种正面反馈循环将进一步增强他们对校企合作项目的参与度和投入度，为培养高质量的应用型人才奠定坚实基础。

（一）激励理论简介

自 20 世纪 20—30 年代以来，众多国外的管理学家、心理学家和社会学家在现代管理实践的基础上，发展出了一系列激励理论。这些理论根据不同的形成时期和研究视角，大致可以被划分为 3 个主要类别：行为主义激励理论、认知派激励理论及综合型激励理论。

激励理论作为管理心理学的一个重要分支，其早期研究主要集中于探讨"需求"，目的是理解如何根据特定的因素来激发和调动员工的积极性。其中，马斯洛的需求层次理论、赫茨伯格的双因素理论以及麦克利兰的成就需要理论等都是重要的研究成果。

马斯洛的需求层次理论特别引人注目，该理论提出人类需求具有层级性，从基本的生理需求逐步向高层次的自我实现需求发展。需求层次按照重要性排序为：生理需求、安全需求、社交需求（归属与爱的需求）、尊重需求和自我实现需求。该理论还强调，一旦某一层次的需求得到满足，它就不再作为激励因素。

在激励理论中，过程学派的观点认为满足人的需求以实现组织目标是一个动态过程。这涉及通过设定目标来影响人们的需求，并激发相应的行动。过程学派的理论包括弗鲁姆的期望理论、洛克和休斯的目标设定理论、波特和劳勒的综合激励模型、亚当斯的公平理论以及斯金纳的强化理论等。这些理论为理解和应用激励机制提供了多维度的视角和方法。

（二）激励的功能与作用

撇开管理学的范畴，激励在教育领域同样扮演着至关重要的角色。它赋予人们强烈的欲望去追求即将着手的事务，在这种欲望的驱动下，人们会千方百计地实现目标。简而言之，激励有助于个人按照既定计划逐步实现目标。在校园与企业合作培养人才的实践中，激励活动还展现出其他诸多功能和作用。

激励能够帮助学生建立学习和实践的信心。在漫长的学习过程中，学生可能会因为巨大的学习压力或遇到的难题而萌生退缩的念头。在这种情况下，即使强制要求他们保持学习的热情，也难以激发他们的兴趣。然而，适时的激励却能产生意想不到的效果。有效的激励能够激发学生的学习动机，即通过各种有效手段调动他们的积极性和创造力。有效的激励能够点燃学生的激情，增强他们的学习动力，促使他们产生超越自我和他人的愿望，并释放出潜在的、巨大的内在动力。

（三）激励遵循的原则

在实施激励措施时，必须恪守特定的原则。只有通过这些既定原则的规范作用，我们才能确保激励活动达到预期的效果。激励活动应遵循的核心原则包括目标导向原则、引导性原则、合理性原则、明确性原则以及时效性原则等。

1. 目标性原则

目标是成功的"灯塔",代表了对活动预期成果的主观预想,是心中构建的一种意识形态。目标具备多重属性,涵盖主观性、方向性、现实性、社会性和实践性等。在开展激励活动之前,首要任务是明确激励的目标,只有在目标的引导下,激励的效果才能达到最大化。目标的设定不仅要符合实际情况,还应略高于客观现状,为学生预留出成长和进步的空间。

2. 引导性原则

引导性原则强调,激励本质上是一种外部活动。无论激励者如何努力,接受激励的个体可能仅以被动态度应对,并未从心底自发地产生意愿。因此,在激励过程中,对受激励者进行恰当的引导至关重要,这有助于激发他们内在的需求,进而促使他们更加积极主动地自我提升。

3. 合理性原则

合理性原则强调激励措施必须适度,过度或无目标的激励不仅无效,甚至可能产生反效果。只有当激励方式与个体的实际情况相匹配时,才能发挥其积极效应。

4. 明确性原则

(1)明确性意味着激励的目的必须清晰无误,即明确指出需要完成的任务以及必须遵循的行动指南。

(2)公开性强调在处理诸如奖金分配等员工普遍关注的问题时,透明度尤为重要。

(3)直观性要求在实施物质奖励和精神奖励时,必须清晰地展示相关指标,并明确奖励和惩罚的实施方式。

5. 时效性原则

时效性原则强调激励措施必须在恰当的时刻实施。若错失了最佳时机,原本能够发挥积极作用的激励活动可能会适得其反,效果大打折扣。这正如"雪中送炭"与"雨后送伞"所带来的影响截然不同。因此,精准把握激励的最佳时机至关重要。

二、激励理论视域下的人才培养

在高职院校与企业合作推进的过程中,无论是教育机构还是企业,抑或是其他相关方,都应当向学生提供充分的激励。这种激励是激发学生内在实践动力的关键"催化剂"。

高职院校为学生提供恰当的激励,能够激发他们对理论知识的兴趣,为未来实习岗位奠定坚实的理论基础。这不仅对提升实践技能具有积极影响,而且有助于培养学生积极、乐观、开朗的性格特质。这些性格特质对于学生处理人际关系和长远发展至关重要。

企业对学生的适当激励同样重要，它有助于学生在实践培训或顶岗实习期间建立自信。对于大多数学生来说，他们在实习前并未接触过实际操作，缺乏相关经验。尽管经过约两年的理论学习，但这些高职院校的学生通常缺少实际工作的直接经验，难以迅速适应新角色。因此，激励的作用尤为关键。企业若能给予学生恰当的激励，将有助于他们迅速建立自信、勇于实践，这无疑为学生的职业生涯起步提供了重要支持。

第二节 人本主义学习理论

一、人本主义学习理论

人本主义学习理论根植于人本主义心理学，形成了一套关于学习的思想理论体系。该理论体系受到了亚伯拉罕·马斯洛和卡尔·罗杰斯等代表人物的深刻影响。这些心理学巨匠在心理学史上占据着举足轻重的地位，从而推动了人本主义学习理论的发展。人本主义心理学家认为，在研究心理学时，应将人视为一个完整的个体，而不是仅仅关注其内心世界的某个片段或层面。这是因为心理的各个部分相互作用、彼此影响。作为心理学界的"第三种力量"，与精神分析和行为主义相区别，人本主义心理学主张通过人的直接经验和内在感受来探究心理现象，强调人的本质、尊严、理想和兴趣。它认为，自我实现以及为了实现目标而进行的创造性活动，是决定人类行为的关键因素。

（一）人本主义学习理论的基本观点

人本主义学习理论认为，只有当个体深刻认识到学习对于自身成长的重要性时，方能激发内在的学习热情，进而有效提升学习效率，为个人的长远发展奠定坚实基础。这一理论体系涵盖五大核心观点：潜能观，强调每个人都有未被发掘的潜力；自我实现观，追求个人潜能的充分展现与自我价值的实现；创造观，鼓励在学习过程中勇于创新，开拓进取；情感因素观，认为情感在学习过程中扮演着不可或缺的角色，应积极培养健康的情感态度；师生观，强调师生之间应建立和谐、互动的关系，共同促进学习成效的提升。

1. 潜能观

潜能理念认为，每个个体都拥有其固有的潜力，这些潜力有大有小、各有千秋。如果潜力得到充分发挥，将显著增强个人的学习能力。但在现实生活中，大多数人的潜力往往被隐藏，除非遇到特定的机遇，否则难以显现。因此，对于教育者而言，探索并激发学生的潜在能力变得极为关键。基于这一理念，人本主义教育者普遍认为，教师不仅要重视学生的自主学习能力，同时也要不断提升自己识别和挖掘学生潜力的技能。

2. 自我实现观

自我实现的理念，亦称为自我发展的理念。人本主义教育理论特别强调尊重学生的个性差异和个人价值观，将学生的自我实现视为教育的核心目标。然而，学生在知识水平、学习能力、兴趣爱好、学习方法和学习习惯等方面存在差异，这就导致了学习过程中的个性差异性。

因此，在教学实践中，教师应当根据每个学生的独特性来定制教学方法，细致观察每位学生的特点，并为他们提供个性化的学习环境，确保每位学生都能在适合自己的条件下自由发展，满足他们个性化的需求，并认识到自己的价值。这对教师提出了更高的要求。教师需要在课堂上更加关注学生的表现，并在课后进行细致的观察和记录，以帮助学生实现更全面的发展。

3. 创造观

创造观是对创造力的一种理解。创造力在个体成长中扮演着至关重要的角色。它是人类独有的一种综合能力，涉及新思想的产生、新发现的洞察以及新事物的创造。创造力是完成创造性任务所必需的心理特质，由知识、智慧、技能以及优秀的个性特质等多重因素综合而成。

人本主义教育强调培养学生的创造力。正如罗杰斯所言，每个人天生都具有创造力和创造潜力，教育的使命在于激发这些潜力。教育者应当致力于营造一个环境，让学生的创造力得以自由发展和表达。

4. 情感因素观

情感在学习过程中扮演着至关重要的角色，它与激发学生潜力和培养创造力紧密相连。人本主义教育理论特别强调情感的重要性，认为学习是一个学生主动参与的过程，而非被动地接受外部刺激。学习不仅是认知能力的体现，还包括情感和行为的全面投入。

学生对学习的兴趣和目标的明确性是情感因素中的关键要素。教师有责任为学生营造一个积极的学习环境，吸引学生积极参与到学习中，并鼓励他们持续地投入学习。在激发情感因素方面，教师需要积极地引导学生，帮助他们建立起对学习的热情和动力。通过这样的方式，教师能够促进学生在情感上积极投入，进而提高他们的学习效果。

5. 师生观

从人本主义的角度来看，师生关系是教育中极为关键的一环。这种关系超越了单纯的教学任务，是教师与学生在长期互动中培养出的深厚"情感联系"。因此，教师应学会同理心、站在学生的角度思考问题，深入了解学生的内心世界，真诚地与学生交流，并给予学生充分的信任与尊重，共同营造一个开放、平等的学习环境。

在这样的氛围中，学生不会感到被压迫，而是能够更加自由、积极地参与学习过程，展现出更高的学习热情和主动性。教师的这种人文关怀和尊重，有助于激发学生的内在动力，促进他们的全面发展。

（二）人本主义学习理论的特点

1. 人本主义强调学习者的内心体验

在这一理论中，学习者被视为学习的主导者，只有当学习者真正吸收了知识，学习的目的才算实现。因此，保持学习者内心的积极状态至关重要。如果学习者内心混乱或缺乏动机，学习效率自然会受到影响。人本主义学习理论认识到这一点，主张深入研究学习者的环境因素，以消除阻碍其潜能发挥的障碍。这一理论强调教育者对学习者内在心理状态的理解，以适应他们的兴趣、需求、经验和个性差异，从而实现潜能的开发。

2. 人本主义重视学习者的情感状态

当学习者拥有积极的情感态度时，学习环境会更加自由、宽松和愉悦，这有助于教师激发学生的学习热情，促进他们的成长。与此同时，人本主义学习理论在强调学生的个体差异和自我概念的同时，也关注师生关系、课堂氛围和群体动力。这促使教师更加重视人际关系和情感问题的研究，如自我概念、自我尊重、学习氛围的调节、学习方式的适应、学习能力的培养和持续学习等。这有助于教师从学生的外在行为理解其内在动机，并在传授知识的同时深入理解教学内容，正确认识自我，从而促进教师心理理论的研究，对完善教师的教学态度和风格具有重要意义。

3. 人本主义提倡"在做中学"

有助于缩短教师与学生、学习与实践、目标与手段之间的距离，使学习成为一种乐趣。这对于纠正我国教育中过分强调书本知识而忽视实践活动的倾向，具有重要的借鉴作用。

二、人本主义学习理论视域下的人才培养

人本主义学习理论对于推动教育事业的发展、促进我国高等职业教育的转型以及深化校企合作具有极其重要的现实意义。与西方发达国家相比，我国的校企合作起步较晚，但经过数十年的不懈努力，目前我们已经取得了许多令人鼓舞的成就。展望未来，校企合作的发展应当在人本主义学习理论的启发与引领下，进一步促进学校与企业之间的深度合作。

（一）分析学生个人特点

人本主义的核心理念是"以人为本"，在教育领域则转化为"以学生为中心"。因此，无论是教师还是企业员工，都应将学生视为工作的核心，尊重并关爱他们，同时将提升学生各项能力作为教育的终极目标。为此，深入分析学生的个人特质至关重要。在社会中，由于生理和环境因素的多样性，每个个体都展现出独特的差异，这些差异在他们的认知层面尤为明显。因此，校企合作的安排必须强调个体差异性，正是这种差异性使得教学活动更加多元和丰富。

当前，我国众多高职院校已经认识到重视并研究学生差异以提升教学效果的重要性，并针对这些差异制定了许多具有针对性和特色的教学策略。然而，这种模式的发展还不够成熟，一些学校仍然沿用着千篇一律的教学方法。因此，在人本主义学习理论的指导下，教育工作者应当深入理解学生成长的规律，了解特定年龄段学生的普遍特征，并在此基础上，细致研究每个学生的个体特征，包括性格、天赋、认知等方面。

全面深入地分析每位学生的独特性是人本主义教学的起点。忽视个体差异，教育实践可能会违背人本主义的初衷，陷入一个不理想的循环。

（二）实现学生全面发展

人本主义的核心特征之一是重视个体的全面成长。在实施校企合作以培养人才的过程中，学校与企业必须各尽其责，同时保持协调一致，致力于提升学生的理论知识水平，拓宽他们的知识领域，进而增强他们的学术能力。尽管高职院校主要教授专业技术，但基础知识是提升学生学习和思维能力的基石，因此，提高学生的学术素养同样至关重要。

此外，校企双方应共同合作，为学生提供丰富的实践机会，使他们能在与专业相关的岗位上模拟真实的工作环境。通过频繁的实践操作，学生的实际操作能力将得到显著增强。现代社会对人才的需求日益增长，不仅需要"专才"，更期待大量"通才"的涌现。因此，校企合作应致力于培养具备"双证"资格的人才，以促进学生的全面成长。

第三节　建构主义理论

一、建构主义理论

建构主义理论构成了校企合作模式发展与创新的关键理论基础和保障。在探讨该理论如何促进校企合作的具体策略之前，有必要先对其核心概念进行概述和阐释。

（一）建构主义简介

建构主义是一种关注知识和学习的理论框架，特别强调学习者在教育过程中的主动性和自主性。学习者视学习为个人责任，认为要提高自己的学习成效，必须从内心深处认识到学习的价值，并激发内在的驱动力。总体而言，建构主义认为学习是一个基于个人现有知识和经验，通过意义构建和理解形成的过程，这一过程通常在社会文化的互动中实现。

建构主义的起源可以追溯到让·皮亚杰，他是现代最著名的儿童心理学家之一，其认知发展理论成为该领域的标杆。皮亚杰留下了 60 多部专著和 500 多篇论文，曾在多个国家讲学，并获得了众多荣誉学位和称号。在皮亚杰的众多理论中，建构主义是其核心组成部分。皮亚杰认为，儿童是通过与环境的持续互动逐渐构建对外界的认知体系，从而促进自身能力的增长和认知体系的完善。此外，著名哲学家约翰·杜威也为建构主义理论做出了显著贡献。

建构主义经过发展，形成了 3 个主要观点：第一，知识不是被动接受的，而是学习者在教育过程中通过内在驱动力主动追求的；第二，知识是个体经验的具体体现，个体通过自己的经验来构建自己的知识体系；第三，知识是在与他人长期的交流和沟通中形成的社会共识。

基于这 3 个核心观点，建构主义在教育领域产生了深远的影响，并在教学实践中形成了以下视角：学习是学习者主动构建内部结构化和非结构化经验知识的活动；学习是一个长期过程，包括新信息的意义建构和同化，以及原有经验的吸收和重组；尽管知识本身是客观的，但不同个体对知识的理解、表达和深化各有差异。

这些观点的核心是知识不是通过教师的传授获得的，而是学习者通过自己的建构过程获得的。因此，在教学中，"学"的地位高于"教"，学习者自身的学习活动是构建知识体系的关键，而教师的角色是辅助，帮助学生更有效地进行知识建构。

通过对建构主义的深入分析，我们可以明确地认识到，在这一理论体系中，有两个关键因素在学生获取知识的过程中起着至关重要的作用，即学生的主动参与度和学习环境的质量。"高等教育机构是塑造学生的关键环境，学生通过课堂教学、实践操作等多种教学环节，在校园中构建自己的知识体系。企业作为许多学生未来职业生涯的起点，如果能够将企业实践融入教育过程中，让学生在真实的工作环境中进行知识的建构，将极大地促进学生知识体系的完善，加深他们对理论知识的理解，并具体化他们的职业技能。"

（二）建构主义学习方法

在建构主义的框架下，学生的学习方式有着特定的要求。学生的学习活动需要在教师的引导下进行，并且始终以学生为中心。在某种意义上，这种学习方式是一种双重途径，既要重视学习者自身的认识活动，也要确保教师提供恰当的指导和有效的支持。总体而言，在建构主义视角下，学习不是简单的知识"填鸭"，而是让学生成为知识的探索者和构建者，拥有一定的"主导权"，充分展现其主观能动性。

在具体的学习实践中，学生可以采用以下策略：

（1）灵活运用探究法和发现法，以探索性的思维和视角进行分析和研究，逐步构建对知识内在含义的理解。

（2）要积极搜集和分析与知识相关的信息和资料，将其作为丰富自己知识储备的重要来源，同时保持批判性思维，勇于对学习内容提出疑问，并通过实践进行验证。

（3）要努力将当前学习的内容与自己已知的知识相联系，并对这种联系进行深入思考。"联系"与"思考"是构建知识的关键。如果能够将这种联系和思考与协作学习中的协商过程（即交流和讨论）相结合，那么学习者在构建意义的效率和质量上都将得到显著提升。

（三）建构主义教学原则

建构主义教学原则的核心要素可以概括为以下几点：

（1）所有的学习任务都应定位于帮助学生更好地理解和适应现实世界。

（2）教学目标应与学生所处的学习环境相契合，教师提出的问题应让学生感到这些问题是他们自己需要解决的。

（3）设计具有现实性的任务。真实的活动是学习环境的关键特征，设计现实任务意味着在课堂教学中融入真实的活动，将不同的内容或技能整合到日常的实践之中。

（4）创建能够模拟学生在完成学习后采取有效行动的复杂环境。

（5）赋予学生解决问题的自主权。教师应激发学生的思考，鼓励他们独立解决问题。

（6）构建一个能够支持和激发学生思考的学习环境。

（7）鼓励学生在社会文化背景中检验自己的观点。

（8）支持学生对所学内容和学习过程进行深入反思，培养他们的自我管理技能，帮助他们成长为独立的学习者。通过这些原则，建构主义教学旨在促进学生的全面发展，使他们能够在不断变化的世界中主动学习和适应。

二、建构主义视域下的人才培养

建构主义学习理论在高职院校培养应用型人才方面具有显著的现实价值。当前社会对应用型人才的需求日益增长，各行业都急切希望这类人才能够加入，以推动各自领域实现更快速的发展。总体来看，建构主义为高职院校的人才培养提供了以下启示和借鉴：

（1）高职院校及其合作伙伴企业应专注于激发学生在知识构建方面的潜力，帮助他们深入理解所学知识，并将学生的职业素养和经验作为获取新知识和新体验的关键。这将正确引导学生在未来的专业实践中积极探索和研究相关问题，从而不断提升他们的实践能力。

（2）高职院校和合作企业应共同建立和完善实训基地，为参与实践的学生提供科学合理的实习环境。在实习过程中，应让学生真实体验到高度仿真的工作场景，有效激发他们进行更高效的学习和实践，通过这些活动不断积累对行业和具体岗位的实践经验。长期实施这些措施将极大地加深学生对行业、企业、岗位的现状和发展趋势的认识和理解。

第四节　利益相关者理论

一、利益相关者理论

利益相关者理论是校企合作顺利进行的重要理论支撑。由于高校和企业分别属于不同的领域，它们之间的合作必须基于各自的利益，因此利益相关者理论成为其合作的基础。

1959 年，潘罗斯在《企业成长理论》一书中首次提到了"利益相关者"的概念，因此他被认为是利益相关者理论的奠基人。最初，"利益相关者"仅仅是经济学和管理学中的一个术语。20 世纪 60 年代，许多西方学者对这一理论进行了深入研究，并提出了多种定义。例如，1965 年，经济学家安索夫在《公司战略》中提出："制定理想的企业目标需要综合平衡考虑企业众多利益相关者之间相互冲突的权益，包括管理层、员工、股东、供应商和顾客。"弗里曼在《战略管理——利益相关者方法》一书中使用了许多相关术语，极大地丰富了利益相关者理论的体系。

20 世纪 70 年代，随着社会企业的快速发展，越来越多的学者对经济相关者理论进行了新的阐述。例如，经济学家蒂尔指出："我们原本认为利益相关者的观点会作为外部因素影响公司的战略决策和管理过程，但变化已经表明我们今天正在从利益相关者的影响转向利益相关者的参与。"总的来说，随着市场环境的发展和学者研究的深入，利益相关者理论的内容越来越丰富，其影响力也越来越大。

关于利益相关者的定义，学术界通常有两种类型：狭义和广义。

狭义的利益相关者指的是与企业有直接关系或占据重要地位的人或群体，包括股东、员工、客户、供应商、重要的政府机构和社会团体、相关金融机构等，更强调企业的立场。

广义的利益相关者则包括能够影响企业或被企业影响的人或群体，其中既包括有利于企业价值实现的利益相关者，也包括不利于企业价值实现的利益相关者，如股东、员工、客户、供应商、政府机构、行业团体、竞争对手、公益团体、抗议群体等。

二、利益相关者视域下的人才培养

利益相关者理论虽然起源于经济学和管理学，但它具有广泛的适用性，在多个行业领域内都能找到其应用的证据，并发挥着积极的影响。特别是在教育领域，利益相关者理论得到了广泛的应用和实践。例如，胡赤弟就曾发表过探讨利益相关者理论的论文，对理论的多个方面进行了清晰的阐释。同时，国内也有多位学者对利益相关者理论进行了深入研究，如金银凤、钟洪、李福华等。

本书认为，利益相关者理论对于校企合作培养人才具有重要的参考价值。通过对校企合作中各方参与者的构成进行分析，识别不同参与者的利益构成和利益取向，有助于推动校企合作的进一步优化和发展。

在人才培养的校企合作中，政府、学校、企业、学生、家庭等都是利益相关者理论所涵盖的要素。进一步细分，可以将这些要素大致分为两个层次：核心利益相关者和外围利益相关者。核心利益相关者通常包括直接参与教育活动和人才培养过程的学校、企业和学生，而外围利益相关者则可能包括政府、家庭等，他们在合作中扮演着支持和辅助的角色。通过明确区分这些利益相关者，可以更有效地协调各方利益，促进校企合作的顺利进行。

（一）核心利益相关者

核心利益相关者在高职教育和校企合作中扮演着关键角色，主要包括学校、企业、教师和学生。学校作为高职教育的主要场所，是校企合作的主导方之一。

1. 学校

高职院校应专注于专业体系和核心课程体系的构建与完善，利用利益相关者理论来指导和调整教育教学理念。可以成立研究委员会，邀请行业专家和学科教授共同参与，确保人才培养方向与行业需求的精准对接，不断提升教育质量。同时，推动校企合作的深入发展，实现双方在实训、科研、开发等领域的利益共享。

2. 企业

企业作为校企合作的重要一方，通过国外校企合作案例可以发现，许多西方发达国家的企业为学生提供培训、科研经费，甚至生活补贴，保障学生的基本生活，让学生能更专注于学习和工作。国内企业也可以采取类似措施，为学生提供经费支持。虽然短期内企业投资增加，但从长远来看，这是对未来人才的投资，可能带来更大的回报。企业还应与高职院校共建实验室，提供专业培训，并协助学校提升知名度。

3. 教师

在合作过程中，教师扮演着桥梁和纽带的角色。教师的教学成果直接影响校企双方的投入产出比，以及学生的学习积极性。教师应全身心投入教学设计，根据学生实际情况制订合理的教学方案，并确保实施，这对学生实习和就业都有积极影响，从而提升合作质量。如果教师职业素养不足，可能会忽视职业教育的重要性，影响学生职业能力的提升和校企合作的效果。因此，教师是利益相关者中不可或缺的一环，对各方的未来发展具有深远影响。

4. 学生

学生在校企合作中具有双重角色，这由学校和企业的视角所决定。在企业视角下，学生参与实习和顶岗，成为企业的一部分，具有员工的身份；而在学校视角下，他们仍然是学生，实习是学习过程的一部分。无论作为学生还是员工，学生在实习期间都是利益相关者的一部分，他们应以提高自主学习和独立思考能力为目标，快速适应角色转变，为未来的就业和发展打下坚实基础。

（二）外层利益相关者

外层利益相关者在高职院校的校企合作中扮演着间接但不可忽视的角色，主要包括政府、行业、家长和社会等方面。

1. 政府

校企合作的开展、深化和创新都依赖于政府制定的政策法规。所有校企合作的具体活动都必须遵循政府的要求，这表明政府在宏观层面对校企合作具有主导和调控作用，对合作具有决定性影响。政府在利益相关者理论中占有重要地位。具体而言，政府可以在税收、信贷、技术申报和科技成果转化等方面制定法规，并为高职教育的发展指明方向。只有在政府的积极引导和规划下，校企合作才能稳步健康发展。

2. 行业

校企合作要求学生进入企业实习，而不同企业所属的行业对合作也有一定的影响。行业趋势的变化会影响企业的发展规划，进而影响学生的实习计划。如果行业遇到危机，可能会导致企业暂停校企合作。良好的行业发展前景能够为校企合作提供长远有效的发展路径。

3. 家长

家长作为学生的监护人，对孩子的教育和职业发展具有重要影响。虽然家长并未直接参与校企合作，但他们对孩子的期望和关注对合作的受教育者（学生）具有重要作用。家长希望孩子毕业后能够顺利进入适合自己的岗位。

4. 社会

社会公众和媒体也是校企合作的利益相关者。高职院校在人才培养、专业建设等方面逐渐获得社会认可。社会公众和媒体应营造崇尚科技创新的氛围，宣传高职教育的成果，同时监督校企合作的办学情况，曝光违规行为，为校企合作创造良好条件。

第五节　教育与生产劳动相结合理论

一、教育与生产劳动相结合理论

教育与生产劳动相结合理论对当代校企合作培养人才具有显著的指导意义。这一理论是马克思和恩格斯基于对人类社会发展的深入分析，并结合历史唯物主义得出的重要结论，在某种意义上，它是马克思主义教育理论的基本原理之一。

实际上，教育与生产劳动相结合的构想并非马克思提出，而是在马克思主义出现之前就已经被提及。只是前期缺乏唯物辩证法的指导，理论体系尚未完善，后来经过马克思主义的发展才逐渐成熟。此后，教育与生产劳动相结合理论主要具有三方面的内容：

第一，教育过程中必须要注重理论与实践的结合；

第二，要在劳动过程中实现人的全面发展；

第三，要通过生产劳动，让人们逐渐接触现代化的科学技术。

随着时代的发展和国际交流的加深，这一理论传入中国，并得到了中国思想家的本土化创新和发展。并且，教育与生产劳动相结合理论在中国得到了深入研究和广泛应用，成为符合中国国情的重要指导思想。我国历届党和国家领导人对教育与生产劳动相结合理论先后做出过重要指示，习近平总书记多次对劳动教育做出重要论述。在党的二十大报告中，习近平总书记指出"统筹职业教育、高等教育、继续教育协同创新，推进职普融通、产教融合、科教融汇，优化职业教育类型定位。"[①] 这是我国对教育与劳动相结合理论的主要补充和深化。

自 19 世纪以来，教育与生产劳动相结合理论经过历代学者的发展和丰富，以及我国历代领导人的阐述和创新，在社会主义现代化建设的今天已经形成了丰富和充实的内涵。在当前校企合作培养人才的过程中，应以教育与生产劳动相结合作为理论支撑，以培养出具有高文化素质和卓越实践能力的新时代应用型人才。

二、教育与生产劳动相结合理论视域下的人才培养

（一）要深入贯彻习近平总书记关于教育工作的重要论述

随着教育改革的不断深入，职业教育的重要性日益凸显。我们必须更加重视职业教育，将其放在与普通高等教育同等重要的位置。教育管理者需要全面理解习近平总书记关于教育与生产劳动相结合的理论，积极为培养实践型人才贡献力量。地方教育部门应根据当地经济发展和职业教育实际，推动校企合作，结合职业院校的办学定位，开展师资队伍建设，培养符合企业和社会需求的劳动者，实现互利共赢。

（二）要充分利用社会资源，全面开展校企合作人才培养

实践应用型人才的培养需要多方协同合作，学校、社会和企业应建立紧密的合作关系，本着互惠共赢的原则，在更广泛的领域和更高层次上实现协作性人才培养。例如，学校可以邀请经验丰富的教授担任企业兼职总工程师，企业也可以派遣优秀专业人才参与学校实践课程的开发。各方应共同努力构建教育培训网络，互相依托、共商共建，形成学校与企业共同参与的良好局面，推动校企合作不断深化研发。

（三）要使理论课程与实际相结合，培养具有时代特色的专业人才

在高职教育阶段，要将学生的日常教学与未来就业紧密联系起来，让他们参与科研项目，进入企业实地体验，积极参与社会实践活动等。这些活动能够逐步提高高职院校人才培养的理论与实践融合度，为社会培养出一批具有时代特征的专业人才。

---

① https：//www.gov.cn/xinwen/2022－10/25/content＿5721685.htm.

第三章
产教融合背景下高职院校创新型人才培养

随着创新驱动发展战略的深入实施，高职院校在培养创新型人才方面肩负着重要使命。本章聚焦于产教融合背景下高职院校创新型人才培养的探讨，首先，明确创新型人才培养的目标定位，旨在培养具有创新精神和实践能力的高素质人才。其次，深入分析创新型人才培养的机制构建，包括激励机制、合作机制等，为创新型人才的培养提供制度保障。再次，探讨高职院校创新型人才培养模式的创新路径，结合产教融合的实际需求，提出切实可行的培养方案。最后，立足陶瓷设计专业，具体探讨高职院校在创新型人才培养方面的实践探索与成效，进而有效提升我国陶瓷设计专业、陶瓷产业的健康发展。

第一节　创新型人才培养目标

在当今快速发展的社会中，创新已成为推动社会进步和经济发展的核心动力。高职院校作为培养高素质技术技能型人才的重要基地，其创新型人才培养目标的设定显得尤为重要。这一节将深入探讨高职院校如何明确并落实创新型人才培养目标，以适应时代的需求和挑战。

一、创新型人才培养的内涵

高职院校在培养创新型人才的过程中，首先需要对创新型人才的内涵进行明确的定义和深入的理解。创新型人才是那些不仅掌握了深厚的专业知识和技能，而且拥有强烈的创新意识、灵活的创新思维和实际的创新能力的个体。他们擅长在实际工作中识别问题、深入分析问题，并运用创造性思维提出解决方案，从而推动技术革新和产业的持续升级。

因此，高职院校在制订创新型人才培养方案时，应该从以下几个方面着手，全面提升学生的创新素养。

（一）知识结构的构建

高职院校应确保学生掌握本专业领域的基础理论和前沿知识，构建起扎实的知识体系，为创新提供丰富的知识储备。为此，教育体系须精心设计课程内容和教学方法，就陶瓷设计专业而言，由于该专业不仅对学生的美学功底具有较高的要求，同时，还要求学生具备较强的设计能力，以及对历史文化、民族风情等具有一定的积累，对社会发展动态、潮流热点文化等也较为敏感。因此，在设计教学大纲时应涵盖以上相关课程，从而拓展学生的知识面。除了拉坯基础、陶瓷成型工艺、陶瓷模具成型、陶瓷装饰彩绘、日用陶瓷设计与制作、现代陶艺创作、陶瓷雕塑、陶瓷综合装饰、陶瓷 3D 打印成型等专业课外，还应增加艺术欣赏、设计创意、中国画、造型设计、纹样设计、现代工艺等课程和内容，从而构建学生的知识结构体系。

在教学方法方面，不仅要求学生掌握扎实的专业基础知识，包括基本原理、核心概念和技术方法，还需引导他们紧跟学科前沿，了解最新的研究成果和发展动态。因此，常规的教学方法可能无法满足这一教学目标以及学生的学习需要，各高职院校应根据自身的具体情况，优化和提升现有的教学理念，落实先进的教学设备，提高学生的理论知识水平和动手能力。教师应采用多元的教学方法，如讲授、讨论、案例分析、动手实践等，以激发学生的学习兴趣，提高他们的学习效果。

在课程设置方面应全面覆盖专业基础知识，通过系统的理论教学和实践训练，帮助学生建立起完整的知识框架。为了让学生更好地了解学科前沿，学校可以邀请领域内的专家学者举办讲座和交流，分享最新的研究成果和趋势，从而丰富高职院校的课程结构。同时，学校还应鼓励学生参与科研项目和实践活动，通过亲身参与和体验，深入了解学科前沿的实际情况和挑战。学校应积极寻求与行业内领先的瓷厂建立深度合作关系，以进一步提升学生的实践能力和创作水平。这种合作不仅能够为学生提供一个真实、专业的创作环境，还能让他们亲身接触和学习到瓷器制作的各个环节，从原材料的选择、设计构思、成型制作到最后的烧制工艺，全面提高学生的动手能力和专业素养。通过与大型瓷厂的合作，学校可以定期组织学生进行实地参观、学习和实习，让学生在实践中感受瓷器的魅力，激发创作灵感。同时，瓷厂也可以为学生提供宝贵的指导和建议，帮助他们将理论知识与实践经验相结合，更好地掌握瓷器制作的核心技术。学校还可以与瓷厂共同举办一些创新设计大赛或展览活动，为学生提供一个展示自己才华的平台。这些活动不仅能够让学生展示自己的创作成果，还能够促进学校与瓷厂之间的交流与合作，为双方带来更多的合作机会和发展空间。

（二）创新意识的培养

通过丰富多彩的教学形式，如生动的课堂教学、深入浅出的专题讲座以及实践性强的体验活动，可以全面激发学生的好奇心、求知欲，并提升他们对陶瓷专业的热情和信心。在教学中，教师不仅要传授基础理论知识，更要注重引导学生主动思考，培养他们敢于创新、能够独立发现问题并解决问题的能力。同时，通过鼓励学生参与跨学科的学习与探索，打破传统学科壁垒，拓宽他们的视野与思维边界。

此外，学校还应积极营造开放包容的学习氛围，鼓励学生勇于质疑，敢于挑战权威，能够提出新的想法，从而培养他们的创新意识。在教学和实践中，教师应鼓励学生大胆发表自己的见解，尊重并欣赏每一个独特的观点，给予他们充分的鼓励，从而激发学生的创新思维与创造力。

（三）创新思维的训练

为了全面提升学生的创新思维能力，高职院校可以通过一系列的教学活动来激发他们的创新潜力。案例分析作为一种经典的教学方法，能够让学生在深入了解真实问题的过程中，学会分析、比较和评估不同解决方案的优劣，从而培养他们的批判性思维。引导学生从不同角度审视问题，使他们能够更加全面理解问题的本质，并学会独立思考和做出合理判断，这对训练其创新思维是非常有效的。

"头脑风暴"则是一种激发创意和想象力的有效手段。在轻松的氛围中，鼓励学生自由表达自己的想法和观点，无论这些想法多么离奇或不合常规。通过集思广益，学生可以发现问题的多种解决途径，并学会将不同领域的知识和技能进行跨界融合，从而产生更具创新性的解决方案。

此外，创意工作坊也是培养学生系统性思维和创新能力的重要平台。在这里，学生可以参与到实际的项目设计和实施中，通过团队协作和不断优化，逐渐完善自己设计的陶瓷作品。在此过程中，学生需要学会将复杂的问题分解成若干个简单的子问题，并逐一解决，从而培养他们的系统性思维和解决问题的能力。

（四）创新能力的锻炼

通过实验室研究、项目实践以及积极参与各类竞赛，学生能够在真实环境中锤炼自己的创新能力。在实验室研究中，学生可以深入探索科学原理与技术前沿，亲手操作实验设备，观察并记录实验现象，从而培养严谨的科学态度和独立思考的能力。这些经历不仅让学生对理论知识有了更深的理解，还激发了他们对未知领域的好奇心和探索欲。

项目实践则是将理论知识应用于实际问题的关键环节。学生在导师的指导下，围绕特定项目展开研究，从需求分析、方案设计到实施落地，全程参与并承担相应责任。在此过程中，学生需要学会团队协作、沟通协调以及时间管理等重要技能，同时也能够深刻体会到将创意转化为实际解决方案的成就感。

此外，参与各类竞赛也是锻炼创新能力的重要途径。竞赛通常要求学生在短时间内完成具有新意的陶瓷设计作品，这不仅能够检验他们的专业知识和技能水平，还能够激发他们的创新思维和培养应变能力。在竞赛中，学生需要与来自不同背景的选手同台竞技，相互学习、相互启发，从而拓宽自己的视野和思路。

（五）跨学科能力的培养

鼓励学生跨越学科界限，不仅是为了拓宽他们的知识视野，更是为了培养他们的创新思维和综合能力。在当今这个日新月异的时代，单一领域的知识和技能已经难以满足复杂多变的社会需求。因此，我们需要引导学生跳出传统学科的束缚，勇于探索未知领域，将不同领域的知识和技能相互融合，从而创造出全新的思维方式和解决方案。

通过跨越学科界限，学生可以接触到更加广泛的知识体系和思维方式，从而激发他们的好奇心和求知欲。他们会发现，原来不同的学科之间竟然存在着如此紧密的联系和互动，这种认识将促使他们更加积极地寻求不同领域之间的交汇点，进而产生新的创意和灵感。

跨越学科界限也有助于培养学生的综合能力和团队协作精神。在整合不同领域的知识和技能的过程中，学生需要学会如何有效地沟通和协作，以便更好地完成共同的目标。这种能力的培养将对他们未来的学习和工作产生深远的影响。

因此，各个高职院校应该积极鼓励学生跨越学科界限，为他们提供更加多元化的学习资源和机会。学校可以开设跨学科课程和项目，让学生有机会接触到不同领域的知识和技能；同时，也可以组织各种形式的跨学科交流和合作活动，让学生有机会与来自不同领域的专家和学者进行交流和互动。通过这些措施的实施，可以有效地促进学生创新思维的多样性和综合性的发展。

（六）国际视野的拓展

在全球化背景下，创新型人才的培养需要具备国际视野。高职院校应加强国际交流与合作，引入国际先进的教育理念和实践，让学生了解不同文化背景下的创新模式。另外，通过积极参与国际交流与海外学习项目，学生得以跨越国界，深入探索世界的多元文化和先进科技。这些经历不仅极大地拓宽了他们的国际视野，使他们能够站在全球的高度审视问题，更让他们亲身体验到不同国家、不同领域的前沿创新成果。

在国际交流中，学生有机会与来自世界各地的同龄人进行深入的学术探讨和文化交流。这种跨文化的互动不仅促进了彼此之间的理解和尊重，还激发了他们对于全球性问题的思考和关注。同时，通过与不同领域的专家学者进行面对面的交流，学生能够及时了解全球最新的科研动态和创新趋势，从而为自己的学术研究和职业发展奠定坚实的基础。

海外学习则为学生提供了一个更为广阔的舞台。在不同环境中学习和生活的经历，学生能够从中获得全新的体验。这些经历不仅锻炼了他们的独立思考和解决问题的能力，还培养了他们的跨文化沟通能力和团队协作精神。更重要的是，通过深入了解不同国家的政治、经济、文化和社会状况，学生能够更加全面地认识世界，这种认识将反映在他们的陶瓷设计中，从而增强了其作品的创新性和竞争力。

二、构建创新型人才培养体系

为了实现创新型人才培养目标，高职院校需要构建一套完整的创新型人才培养体系。包括优化课程设置、加强实践教学、加强项目制教学、推动校企合作等多个方面，培养学生的综合能力和创新思维。高职院校还应积极与企业合作，共同开展人才培养、技术研发和成果转化等工作，实现产学研深度融合。为达成培养创新型人才的教育目标，高职院校必须构建一个全面而系统的创新型人才培养体系。以下是该体系构建的几个方面：

（一）课程体系的优化

课程是教学的核心，高职院校应设计和优化课程体系，确保基础理论与最新技术趋势的紧密结合。通过引入跨学科课程，打破学科壁垒，有助于让学生进行知识的整合与创新。在原有教学系统的基础上，应加强项目制教学模式创新，这样能够让学生在解决实际问题的过程中进行学习，获得快速成长，并有助于培养他们的团队合作能力和项目管理能力。

（二）实践教学的加强

实践是检验真理的唯一标准，这句话在高职教育领域尤为重要。高职院校一直都十分注重实践教学的开展，随着社会的发展，高职院校应该建立和完善多元化的实践教学平台，这些平台可以包括但不限于实训基地、工作坊、创新创业中心等多种形式。通过这些平台，学生可以获得实际操作的机会，并能够在实践中激发出更多的想象力，从而为发展创新思维创造条件。

实训基地是连接理论与实际的重要桥梁。通过与企业合作，建立校企合作的实训基地，学生可以在真实的工作环境中进行实习和实训，通过亲手参与拉坯、烧制的过程，可以有效地指导学生在设计陶瓷时能够根据实际情况进行调整从而促进了设计的有效性。这种模式不仅能让学生了解行业现状，掌握实际操作技能，还能提前适应未来的工作环境，增强就业竞争力。

工作坊作为一种灵活多样的实践教学形式，也越来越受到重视。工作坊通常以项目为导向，注重培养学生的团队合作能力和解决实际问题的能力。通过工作坊，学生可以在教师的指导下，自主选择感兴趣的课题，进行深入研究和实践，从而提高创新能力和实践技能。

创新创业中心是培养创新型人才的重要平台。通过提供创业指导、项目孵化、资金支持等服务，创新创业中心能够激发学生的创新精神和创业热情。学生可以在中心的指导下，将创新想法转化为实际项目，甚至创办自己的企业，实现从学生到创业者的转变。

（三）校企合作的推动

通过与企业的紧密合作，高职院校可以为学生提供真实的工作环境和丰富的项目经验，使学生能够直接参与到企业的技术研发和创新过程中。这种合作模式不仅能让学生在实际工作中积累宝贵的经验，还能帮助他们更好地理解理论知识与实际应用之间的联系。校企合作还能促进教育资源与企业需求的有效对接，实现双方的互利共赢。企业可以通过这种方式获得新鲜的创意和人才支持，而高职院校则可以通过与企业的合作，不断更新教学内容和方法，提高教育质量。此外，校企合作还能为学生提供更多就业机会，帮助他们在毕业后顺利进入职场，实现职业生涯的顺利发展。

（四）创新文化与环境的营造

高职院校应当积极营造一种鼓励创新、宽容失败的文化氛围，为学生的创新思维提供广阔的空间和支持。具体来说，学校可以通过建立创新激励机制，对那些在创新实践中表现出色的个人或团队进行表彰和奖励。这样，不仅可以激发学生的创新热情，还可以增强他们的自信心和成就感。同时，学校还应提供必要的资源和平台，如创新实验室、创业孵化基地等，让学生有机会将他们的创新想法付诸实践。此外，教师也应鼓励学生敢于尝试，即使面对失败也不气馁，而是从中吸取教训，不断改进和提升。通过这些措施，高职院校可以为学生的创新思维提供一个良好的成长环境，培养出更多具有创新精神和实践能力的人才。

（五）终身学习理念的培养

在教学过程中，高职院校应当积极鼓励学生树立终身学习的理念，不断更新和扩展自己的知识储备，以适应这个快速变化的社会和不断迭代的竞争环境。通过各种形式的学习机会，如在线课程、继续教育、研讨会、工作坊等，为学生提供持续学习和不断进步的机会。这样，他们不仅能在学术上保持领先，还能在职业生涯中不断成长，迎接各种挑战。

在这个日新月异的时代，知识更新的速度越来越快，学生需要具备自主学习的能力，以便在未来的竞争中立于不败之地。终身学习不仅能帮助他们在学术上保持领先，还能在职业生涯中不断成长，迎接各种挑战。通过参加各种形式的学习活动，学生可以不断充实自己，提高自己的竞争力。

在线课程为学生提供了灵活的学习方式，使他们能够随时随地进行学习，充分利用碎片化的时间。继续教育则为他们提供了系统学习的机会，帮助他们在某一领域深入研究进而成为专家。研讨会和工作坊则提供了与专家面对面交流的机会，使他们能够获得最新的行业动态和实用的技能。

（六）评价体系的创新

改革传统的评价体系，建立以能力为导向的评价机制，这一举措不仅是为了衡量学生在知识掌握方面的程度，更重要的是要重视和评估他们的创新思维、实践能力和解决问题的能力。通过这种方式，教育评价将不再局限于传统的考试成绩和记忆能力，而是更加注重学生的综合素质和实际应用能力。这样的评价机制能够更好地激发学生的创造力和独立思考能力，培养他们面对复杂问题时的应对策略和实际操作技能。通过这种全面的评价体系，教育将更加注重培养学生的综合素养，使他们能够在未来的社会和工作中展现出更强的竞争力和适应能力。

第二节　创新型人才培养机制

一、树立创新型教育观

高职院校在当前知识经济背景下的教育创新是多维度和全方位的，涉及人才观念、教育功能以及教育理念的更新与扩展。

（一）教育人才观念的创新

传统的高职院校教育重点在于培养具备特定知识与技术的专业人才。在知识经济时代，这一观念需要创新，应转变为培养具有创新意识和创新能力的人才。这种转变意味着教育不仅要传授知识，还要激发学生的创造力和主动探索精神，以适应经济社会发展对创新人才的需求。

（二）教育功能观的创新

高职院校应从封闭的教学模式转变为开放的产、学、研一体化模式。这种模式强调教育与生产劳动的紧密结合，通过校企合作、工学结合等方式，让学生在真实的工作环境中学习和实践，从而更好地掌握专业知识和技能，同时培养解决实际问题的能力。

（三）教育理念的融入

创新教育不是单一的教学方法或课程的改革，而是一个系统工程，需要将创新教育理念融入教育者和受教育者的心中。这意味着教育者要不断更新自身的教育观念和教学方法，创造一个鼓励创新、容忍失败的教育环境，让学生能够在探索和实践中学习。

（四）创新教育的实施策略

实现创新教育需要一系列具体的策略和措施，包括但不限于：

（1）课程改革。设计以学生为中心的课程，鼓励学生主动学习和形成批判性思维。

（2）教学方法。采用项目式学习、案例教学、翻转课堂等多样化的教学方法。

（3）评价体系。建立以能力为导向的评价体系，不仅评价学生的知识掌握程度，还要评价其创新能力和实践能力。

（4）教师培训。加强教师的在职培训，提升教师的创新教学能力和专业发展水平。

（五）创新文化与环境的构建

构建一个支持创新的教育环境，鼓励学生自由表达、大胆尝试，并为他们提供必要的资源和支持。这包括提供实验室、工作室等实践平台，以及举办创新竞赛、研讨会等活动。

在教师的带领下，组织学生自由组建学习小组，通过共同学习和交流，激发出新的创意，并在实验室、工作室等实践平台转化自己设计的产品。通过学生自己动手操作，激发他们的学习热情，进而鼓励他们大胆尝试，锻炼创新思维能力。

（六）产学研合作的深化

加强与行业的联系，深化产学研合作，让学生参与到企业的实际项目中，通过解决实际问题来学习和提高。同时，邀请行业专家参与教学和项目指导，使教学内容与行业需求保持同步。学校应为学生创造条件，加强与企业的合作，拓宽学生的视野，并增加社会实践的机会，从而培养他们的创新思维。尤其对于陶瓷设计专业的学生而言，通过深入参加社会实习活动，走进企业，能够摆脱书本知识的约束，可以更多地从生产实践出发，设计出符合市场需求的产品。

二、以创新教育为主线的教学改革

改革传统的人才培养方案，在创新型人才培养方案中，所有的教学过程都要体现创新教育。这样，教师在所有的教学环节中都要贯彻创新理念，培养学生创新思维，教授学生创新方法，指导学生创新活动。教师在创新教育过程中逐步改变教育观念、探索创新教育方法，提高创新教育效果，达到教学相长的目的。这是打造创新型师资队伍的有效途径之一。

（一）教学过程的创新

在创新型人才培养方案中，教学过程应当全面而深入地体现创新教育的精神。这意味着从课程的设计、规划与安排到教学的实施与执行，从课堂教学的互动与引导到实践活动的组织与开展，每一个环节都要充分激发学生的创造性思维和实践能力的提高。教师应通过多样化的教学方法和手段，营造一个开放、自由、充满挑战的学习环境，使学生能够在探索和尝试中不断发现问题、分析问题并解决问题，从而培养他们的创新意识和创新能力。

（二）教师角色的转变

在创新教育的过程中，教师的角色不仅仅局限于传统的知识传递者，他们更是肩负着引导学生发展创新思维和促进创新活动的重要使命。为了实现这一目标，教师必须不断更新和拓展自己的教育观念，与时俱进地调整教学方法和策略。他们可以采用多种多样、富有创意的教学手段，如探究学习、翻转课堂和协作学习等，这些方法能够有效激发学生的学习兴趣和创新潜能。通过探究学习，学生能够在教师的引导下自主发现问题、分析问题并解决问题，从而培养了他们独立思考和解决问题的能力。翻转课堂则通过让学生在课前自主学习理论知识，课堂上更多地进行讨论、实践和应用，使学习过程更加高效和互动。协作学习则鼓励学生在小组合作中相互交流、共同完成任务，从而培养他们的团队合作精神和沟通能力。总之，教师在创新教育中扮演着至关重要的角色，他们通过不断更新教育观念和采用多样化教学方法，为学生创造一个充满活力和创新精神的学习环境。

（三）创新方法的传授

教师在教学过程中应当注重培养学生的创新思维和技能，不仅要传授知识，更要教会学生如何运用这些知识进行创新。具体来说，教师可以教授学生一些关键的创新方法和技巧，例如批判性思维、问题解决和项目管理等。这些技能对于学生在创新过程中至关重要，能够帮助他们更好地分析问题、提出解决方案并有效管理整个创新项目。

为了让学生更好地理解和掌握这些方法和技巧，教师可以采用多种教学活动，如案例分析、角色扮演和模拟实验等。通过这些互动性和实践性较强的教学方式，学生可以在实际操作中学习和运用所学的方法。例如，在案例分析中，教师可以选择一些经典的创新案例，引导学生分析其中的关键因素和成功要素，从而让学生在分析过程中逐步掌握创新的方法。在角色扮演活动中，学生可以扮演不同的角色，模拟创新过程中的各种情境，通过这种模拟实践，学生能够更好地理解不同角色的需求和挑战，从而提高他们的创新能力和团队协作能力。而在模拟实验中，学生可以在一个相对真实的环境中进行创新实践，通过实验过程中的试错和调整，学生能够更加深刻地体会到创新过程中的复杂性和不确定性，从而培养他们的应变能力和创新精神。

（四）创新活动的指导

指导学生积极参与各类创新活动，例如科研项目、技术竞赛以及创业计划等，是培养学生创新实践能力的关键途径之一。教师应当为学生提供充分的指导和支持，帮助他们在实际操作过程中发现潜在的问题，并找到解决问题的方法。通过这些实践活动，学生不仅能积累宝贵的经验，还能在过程中不断学习和成长，从而提升自身的创新能力和综合素质。

（五）教学方法的探索

教师应当积极地探索和尝试各种创新的教育方法，以满足学生多样化的学习需求和特点。例如，教师可以利用现代技术手段来辅助教学，比如使用多媒体工具、在线教育平台和虚拟现实技术等，这些技术不仅能够丰富课堂内容，还能激发学生的学习兴趣。此外，教师还可以实施个性化的教学策略，根据每个学生的具体情况和需求，量身定制学习计划，从而更好地帮助学生掌握知识。同时，开展跨学科的教学活动也是一个有效的创新方法，通过将不同学科的知识和技能结合起来，培养学生的综合思维能力和解决问题的能力。总之，教师应当不断探索和实践各种创新教育方法，以适应不同学生的学习需求和特点，提高教学效果。

（六）创新教育效果的提升

通过持续的教学实践和深入反思，教师应当不断提升创新教育的成效。具体来说，教师可以通过多种途径来评估和改进自己的教学方法和内容。首先，教学反馈是一个重要的手段，教师可以通过学生的即时反馈了解教学效果，从而及时调整教学策略。其次，学生评价也是一个非常有效的工具，通过学生的主观评价，教师可以了解学生的学习体验和需求，进一步优化教学方案。此外，成果展示也是一个重要的环节，通过展示学生的成果，教师不仅可以激励学生，还可以从中发现教学中的不足，进而进行改进。总之，通过这些多样化的评估手段，教师可以不断优化教学方法和内容，提高创新教育的效果。

（七）教学相长的实现

创新教育不仅仅是一个学生学习和掌握创新技能的过程，它同样也是教师在专业领域内不断成长和进步的过程。在此过程中，教师通过与学生的互动，不断地激发学生的创新思维，同时也从学生那里获得新的灵感和启发。这种双向的互动不仅促进了学生的学习，也让教师在教学实践中不断反思和提升自己的教学方法和策略。通过这种教学相长的方式，教师和学生能够共同进步，实现知识和能力的双重提升。

三、建立学生社团导师制

建立学生社团导师制是创新型人才培养方案的重要组成部分，它不仅能够丰富学生的课外生活，还能够提供实践创新的平台。

（一）学生社团的创新实践

学生社团活动为学生提供了一个展示自我才华、发展个人兴趣爱好、锻炼各方面能力的广阔舞台。在当前创新型人才培养方案中，学生社团活动应当被视为培养学生创新精神和实践能力的重要途径之一。通过参与各类社团活动，学生不仅能拓宽视野，还能在实践中学习到课堂之外的知识，从而全面提升自身的综合素质。

（二）教师角色的转变

在学生社团导师制的实施过程中，教师的角色发生了显著的变化。他们不再仅仅局限于传统的课堂教学，扮演着单纯的知识传授者的角色，而是转变成为学生在各种实践活动中的指导者、积极参与者以及有力的促进者。这种角色的转变，对于教师来说，具有深远的意义。

这种转变促使教师更新他们的教育观念。在传统的教学模式中，教师往往关注的是知识的灌输和理论的讲解，而在社团导师制中，教师需要更多地关注学生的实际操作能力和个性化的成长。他们需要认识到，教育不仅是知识的传递，更是对学生能力的培养和个性的塑造。

教师在这一过程中更加注重学生的个性化发展。每个学生都有其独特的兴趣、特长和需求，教师需要根据每个学生的具体情况提供个性化的指导和支持。这样，学生才能在自己感兴趣的领域中个性化得到充分发展，从而更好地发挥自己的潜力。

教师在学生社团导师制中还特别强调实践能力的培养。理论知识固然重要，但在现代社会中，实践能力更是不可或缺的。通过参与各种社团活动，学生可以在实践中学习和应用知识，提高解决实际问题的能力。教师在这一过程中扮演着至关重要的角色，他们需要引导学生将理论与实践相结合，培养学生的创新精神和实践能力。

（三）教师专业发展的促进

通过积极参与和指导学生社团的活动，教师可以更深入地掌握学生的兴趣爱好和实际需求，进而反思和优化自己的教学策略和方法。这种参与不仅有助于教师更好地理解学生，还能促进教师在教育教学方面的专业持续获得成长和发展，从而增强自身的竞争力，为今后的进一步发展奠定了基础。

（四）创新教育习惯的培养

在指导学生参与社团活动的过程中，教师应当持续地探索和实践各种新颖的教育方法。这种持续的探索和实践不仅有助于培养教师在创新教育方面的良好习惯，还能够显著提高他们在创新教育方面的自觉性和主动性。通过不断尝试和改进，教师能够更好地激发学生的兴趣，引导他们积极参与社团活动，从而在实践中不断提升自身的教育水平和创新能力。

（五）完善学生社团活动

1. 丰富学生社会的内容

学生社团应当广泛覆盖各个领域和专业，例如科技创新、文化艺术、社会实践、志愿服务等，从而满足不同学生的兴趣爱好和发展需求。这些社团不仅为学生提供了一个展示自我、发展特长的平台，还能够帮助他们在校园生活中获得更多的学习和成长机会。通过参与这些多样化的社团活动，学生可以拓宽视野，增强团队合作能力，提升个人综合素质，为未来的职业生涯和社会生活打下坚实的基础。

2. 规范化管理学生社团

学校应当建立健全社团管理制度，详细规定社团的组织架构、活动流程、经费使用等方面，以确保社团活动能够有序、高效地进行。具体来说，学校需要明确社团的领导机构、成员职责、活动审批程序以及财务管理制度，从而为社团提供一个规范化的运作环境。此外，还应设立监督机制，定期对社团活动进行评估和审查，确保其符合学校的教育目标和价值观。学校通过这些措施可以更好地引导和管理社团，使其成为学生综合素质提升的重要平台。

3. 对社团导师的专业培训

学校应当为社团导师提供全面的专业培训，涵盖社团管理、活动策划与指导、风险防控等多个方面的知识，以提升导师们的指导能力和整体水平。这样的培训不仅有助于导师们更好地理解社团运作的机制，还能使他们在组织各类活动时更加得心应手，确保活动的顺利进行。同时，通过学习风险防控的相关知识，导师们能够预见并妥善处理可能出现的问题，从而保障社团成员的安全和活动的顺利开展。这样的专业培训将有助于提高整个社团的运作效率和质量，为学生提供更加丰富和有益的社团体验。

4. 定期展示社团活动成果

学校应当定期举办各类社团活动的成果展示和交流活动，通过这些活动，积极鼓励学生展示自己在创新方面的成果，分享他们在创新过程中的宝贵经验。这样的做法不仅能够激发更多学生的创新思维，还能进一步提升他们在实践中的热情和积极性。通过互相学习和交流，学生可以更好地了解不同领域的创新动态，从而拓宽视野，增强创新能力，为未来的发展奠定坚实的基础。

（六）社团与企业、社区的合作

社团活动应当积极主动地寻求与企业、社区以及其他社会各界的合作机会，通过建立稳固而广泛的合作关系，为学生提供更加丰富多样的实践机会和资源支持。这样不仅能够让学生在实践中锻炼自己的专业技能和综合素质，还能够帮助他们更好地了解社会需求和行业动态，从而促进学生社团与社会需求的紧密结合，实现双方的互利共赢。

具体来说，社团可以通过与企业合作开展实习项目、举办讲座和研讨会，邀请行业专家进行指导，从而为学生提供接触真实工作环境的机会。与社区合作则可以开展志愿服务、社区调研等活动，让学生在服务社会的同时，了解社区居民的实际需求，培养他们的社会责任感和公民意识。社团还可以与政府机构、非营利组织等其他社会团体建立合作关系，共同举办各类公益活动、竞赛和展览，为学生提供更广阔的展示平台和实践机会。

通过这些合作，学生不仅能够在实践中提升自己的专业技能和团队协作能力，还能够拓宽视野，增强解决实际问题的能力。同时，这些合作也有助于企业和社会团体发现和培养优秀人才，为他们提供创意和活力，从而实现双方的互利共赢。最终，这种紧密的合作关系将有助于构建一个更加和谐的社会，推动社会的进步和发展。

四、依托专业创办学科性公司

依托专业创办学科性公司，这一举措不仅是一种创新性的组织制度，而且为教育、科技和经济的一体化发展提供了有力的组织平台。首先，通过创办学科性公司，教师的科研能力、创新能力和创业能力得到了显著提升。这种模式为教师提供了一个全新的舞台，使他们能够将理论知识与实际应用相结合，从而更好地推动科研成果的转化。同时，学科型公司也为学生提供了一种创新人才培养的新模式。学生在这样的公司中能够获得宝贵的社会实践经验，提高实际操作能力。在此过程中，学生不仅能够学到课堂上难以获得的知识，还能在实践中培养自己的创新思维和创业精神。这种实践经历对于学生未来的职业发展具有重要意义。此外，学科性公司制的实施也是打造创新型师资队伍的有效途径之一。教师通过这种方式能够更好地了解市场需求，调整教学内容和方法，从而培养出更多适应社会发展的高素质人才。总之，依托专业创办学科性公司，不仅能够推动教育、科技和经济的深度融合，还能够为教师和学生提供广阔的发展空间，为社会培养出更多具有创新精神和实践能力的优秀人才。

五、加强师资队伍建设

创新型人才的培养离不开一支高水平的师资队伍。为了实现这一目标，高职院校必须高度重视师资队伍建设工作。首先，院校可以通过积极引进优秀人才，吸引那些在学术界和行业界具有丰富经验和卓越成就的专家和学者。其次，加强教师培训是提升教师专业素养和教学能力的重要手段。院校应定期组织各类培训活动，包括教学方法、课程设计、教育技术等方面的培训，以确保教师能够跟上教育发展的最新趋势。此外，考核激励机制也是不可或缺的。通过建立科学的考核体系，对教师的教学效果、科研成果和学生满意度等方面进行全面评估，并根据评估结果给予相应的奖励和激励，可以有效激发教师的积极性和创造力。

值得注意的是，高职院校应注重培养具有创新意识和实践经验的"双师型"教师。这类教师不仅能够传授理论知识，还能够指导学生进行实践操作和创新创业活动。他们通常具备丰富的行业经验，能够将理论与实践紧密结合，帮助学生更好地理解和掌握知识。为了培养具有创新意识和能力的"双师型"教师，院校可以采取多种措施，例如与企业合作，安排教师到企业进行挂职锻炼，或者邀请企业专家到学校举办讲座和指导。通过这些方式，教师不仅能够更新自己的专业知识，还能积累宝贵的实践经验，从而更好地指导学生进行创新创业活动。总之，通过引进优秀人才、加强教师培训和考核激励等措施，高职院校可以有效提升教师的专业素养和教学能力，并培养出更多具有创新精神和实践能力的高素质人才。

六、营造创新文化氛围

一个充满创新精神的文化氛围对于激发学生的创新潜能具有至关重要的作用。高职院校应当努力营造一个开放、包容且积极鼓励创新的校园文化环境。为了达到这一目标，学校可以采取多种措施，例如定期举办各类创新创业大赛、科技文化节等活动，这些活动不仅能够激发学生对创新的热情，还能为他们提供展示自己创意和才华的平台。此外，学校还可以设立创新创业基金，为有志于创业的学生提供资金支持，同时提供专业的创业指导服务，帮助他们在创新创业的道路上少走弯路，提高成功率。

高职院校还应当加强校园文化建设，注重培养学生的综合素质。通过开展丰富多彩的团队合作项目和实践活动，可以有效培养学生的团队协作精神，使他们在合作中学会沟通、协调和共同解决问题。此外，学校还应当注重培养学生的社会责任感，引导他们关注社会问题，积极参与社会公益活动，从而在实践中培养他们的社会责任感和公民意识。通过这些措施，高职院校不仅能够为学生提供一个充满创新精神的校园环境，还能帮助他们成长为具有创新能力和责任感的优秀人才。

七、强化质量监控与评估

为了确保创新型人才培养目标的实现，高职院校还应建立健全质量监控与评估体系。这一体系需要通过对教学过程的各个环节、学生学习成果的各个方面以及毕业生就业情况的全面评估，进行定期的检查和反馈调整工作。通过这种方式，可以不断优化人才培养方案，改进教学模式，确保教学内容和方法与时俱进，满足社会和行业的需求。同时，高职院校还应加强对学生创新素养的考核和评价工作，确保学生能够真正掌握创新知识和技能，并具备将这些知识和技能应用于实际问题解决中的创新实践能力。

具体来说，质量监控与评估体系应包括以下几个方面：首先，对教学过程的监控，包括课程设置、教学方法、教师授课质量等方面的评估；其次，对学生学习成果的评估，不仅关注学生的理论知识掌握情况，还要关注学生的实践能力、创新思维和团队合作能力；最后，对毕业生就业情况的跟踪调查，了解毕业生在职场的表现和适应情况，以及他们对学校教育的反馈和建议。通过这些评估和反馈，高职院校可以及时调整和优化教育教学策略，提高人才培养的质量和效果。

高职院校还应注重培养学生的创新精神和创新能力。这不仅需要在课程设置中增加创新相关的课程和活动，还需要通过各种形式的创新竞赛、项目实践等方式激发学生的创新潜能，培养学生的创新思维和实践能力。同时，高职院校还应加强与企业的合作，为学生提供更多的实践机会和创新平台，使学生能够在实际工作中锻炼和提升自己的创新能力。

高职院校创新型人才培养目标的设定与实现需要全社会的共同努力和支持。只有不断深化改革创新、加强内涵建设、提升办学质量和水平，才能培养出更多符合时代需求的高素质创新型技术技能型人才，为经济社会发展做出更大的贡献。这不仅需要高职院校自身的努力，还需要政府、企业和社会各界的共同参与和支持。只有形成合力，才能为国家的创新发展提供强有力的人才支持和智力保障。

第三节　创新型人才培养模式

创新型人才是社会发展的重要资源，是教育的核心目标，高职院校在人才培养方面也一直重视对人才创新意识和能力的培养。本节将重点阐述高职院校创新型人才培养模式的构建，并以陶瓷设计专业为例，具体分析创新型人才培养模式的实践探索。

一、创新型人才培养模式的构建

（一）构建有利于培养创新型人才的管理制度

构建并完善培养创新型人才的管理制度，是当前教育和企业界面临的重要任务。为了实现这一目标，学校需要从多个方面入手，确保制度的全面性和有效性。

高职院校首先需要建立一个科学的选拔机制，能够识别和吸引具有创新潜力的人才。这包括设计合理的考核标准和评估方法，确保选拔过程的公平性和透明度。同时，还应注重多元化，鼓励不同背景和学科的人才加入，以促进思想的碰撞和创新的火花。另外，制订灵活多样的培养方案，以满足不同人才的成长需求，也是必不可少的环节。就陶瓷设计专业而言，这可以包括跨学科课程、实践项目、国际交流等多种形式，从而开阔学生的视野，提升他们的创新能力。同时，应注重理论与实践的结合，鼓励学生积极参与真实的生产实践项目，将所学知识和能力应用于解决实际问题。

建立有效的激励机制，激发人才的创新热情，也是构建管理制度的重要一环。主要包括奖学金、创新基金、成果奖励等多种形式，为创新型人才提供必要的物质和精神支持。同时，应注重公平竞争，确保优秀人才能够脱颖而出，获得应有的认可和奖励。在此基础上，建立持续的评估和反馈机制，确保管理制度的有效性和适应性。主要包括定期的评估报告、反馈会议、改进措施等多种形式，及时发现并解决存在的问题，不断优化管理制度，提升培养创新型人才的效果。

（二）深化激发学生创新思维的教学改革

为了更有效地培养创新型人才，教学方法的改革势在必行。首先，应引入启发式、探究式等先进的教学方法，摒弃传统的填鸭式教学。通过引导学生主动思考、积极探索，培养他们的创新意识和解决问题的能力。教师应注重培养学生的批判性思维。在课堂上，鼓励学生敢于质疑、勇于挑战权威，培养他们的独立思考能力和判断能力。同时，通过小组讨论、案例分析、社会调研教学活动，提高学生的沟通能力和团队协作精神，通过了解客户对陶瓷的真实需求和使用情况，能够指导他们的设计更具实用性，这也为创新奠定了现实基础。高校还可以利用现代信息技术手段，如在线教学平台、虚拟现实技术等，为学生提供更加丰富、多样的学习资源和教学环境。鼓励学生自主学习与陶瓷制作、工艺设计等相关的知识与技能。学生只有增长了见识、扩大了见闻，才能逐渐发展出创新能力。

（三）完善培养创新型人才的课程体系

为了实现培养创新型人才的目标，高职院校必须对现有的教育模式进行深刻的改革、创新和完善。这需要构建一个以学生为中心的教育体系，高度重视学生的实践能力和创新精神的培养。具体来说，陶瓷设计专业的教学，需要大量的采风、实践活动，以及深入了解市场对陶瓷的真正需求。对此，高职院校应当优化课程设置，增加实践教学环节，鼓励学生走出校园，引导他们带着发现的眼光去体验生活、采集设计灵感，通过观察人们对陶瓷的实际使用情况来真切地理解市场需求。在此基础上，学生的设计才能贴近生活，才能在解决具体需求的基础上进行创新。同时，教师也应转变教学方法，采用更加灵活的教学手段和教学方式，激发学生的创新思维和自主学习能力。通过这些措施，高职院校能够培养出既有扎实理论基础又有较强实践能力的创新型人才，从而满足社会和经济发展的需求。

1. 课程设置的灵活性和多样性

课程设置应当紧密围绕创新型人才培养的核心需求，提供丰富多彩的课程选择，以满足不同学生的个性化发展。这包括但不限于跨学科课程、项目导向课程等多种教学形式，旨在培养学生的综合思维能力和多元化的视角。通过这些课程，学生不仅能够掌握扎实的专业知识，还能学会如何将不同学科的知识融会贯通，从而在面对复杂问题时能够提出创新的解决方案。此外，项目导向课程能够让学生在实际操作中学习和应用知识，培养他们的实践能力和团队合作精神，进一步提升他们的综合素质。

2. 鼓励学生跨学科学习

鼓励学生勇敢地跨越传统的学科界限，积极参与到跨学科的项目和研究中去。通过这种多学科的融合与交流，学生不仅能够拓宽自己的知识视野，还能够在不同领域的知识交汇中，激发出无限的创新思维和灵感。这种跨学科的学习方式，有助于培养他们解决复杂问题的能力，使他们在未来的学习和工作中更具竞争力和创造力。

3. 加强实践教学的设置

为了确保学生能够将所学的理论知识有效地应用于实际情境中，增强其解决复杂问题的能力，我们将增加实验、实训、实习等多种形式的实践教学环节。通过这些环节，学生不仅能够亲身体验和操作，还能在实际工作中检验和巩固所学的理论知识。具体来说，实验环节将提供各种科学实验的机会，让学生在实验室环境中验证理论假设，培养其科学思维和实验技能。实训环节则侧重于模拟实际工作场景，通过项目驱动的方式，让学生在模拟环境中进行操作和训练，提高其专业技能和团队协作能力。实习环节则让学生进入真实的工作环境中，与行业专家互动，了解行业现状，积累实际工作经验，从而更好地适应未来的职业生涯。通过这些实践教学环节的有机结合，学生将能够全面提升其理论素养和实践能力，为未来的职业发展打下坚实的基础。

4. 建设实验室和工作室

建立一个专门的创新实验室和多个工作室，配备先进的实验设备和各种工具，以便为学生提供一个良好的创新环境。这些实验室和工作室将为学生提供必要的资源和支持，使他们能够开展各种创新项目和科学研究。通过这种方式，学生不仅能够将理论知识应用于实践，还能在实际操作中培养和提高他们的创新实践能力。这将有助于激发他们的创造力和解决问题的能力，为他们未来的职业生涯打下坚实的基础。

5. 进一步深化校企合作

与各行业的企业建立紧密的合作关系，共同携手开发课程内容，提供实习和实训的机会，使学生能够更贴近行业前沿，亲身参与实际工作。通过这种合作模式，学生不仅能够获得理论知识，还能在实际工作中积累宝贵的经验，从而更好地适应未来的职业生涯。

6. 融入创新创业教育内容

为了有效地将创新创业教育融入现有的课程体系之中，高职院校可采取多种措施，旨在全方位地激发学生对创业的热情，并显著提升他们的创新能力。

首先，可多开设一些专门的创业课程，这些课程不仅要涵盖创业的基本理论和实践知识，还要注重培养学生的创新思维和实际操作能力。这些课程能够促进学生系统地了解创业的全过程，从市场调研、商业模式设计到团队建设和融资策略等各个方面。

其次，建立创业孵化器，为有志于创业的学生提供一个实践和发展的平台。孵化器不仅提供办公空间和设备支持，根据学校的师资情况，有条件的学校还可以配备专业的创业导师和顾问，为学生的创业项目提供指导和建议。在这里，学生可以将课堂上学到的理论知识付诸实践，通过实际操作来检验和完善他们的创业计划。

最后，学校还可以组织各类创业竞赛活动，这些竞赛不仅为学生提供展示自己创业想法和项目的舞台，还能激发他们的竞争意识和团队合作精神。通过参与竞赛，学生能快速获得成长，这对于提升自己的创新能力和应对挑战的能力都具有积极意义。

7. 制订个性化教学计划

根据每个学生的独特兴趣和特长，教育者可以精心制订出具有个性化特点的教学计划。这样的计划能够充分考虑到学生的个体差异，从而提供定制化的学习路径。学生通过这种方式可以在自己擅长和感兴趣的领域中获得更多的支持和资源，进而促进个性化发展。这种个性化的教育方法不仅能够激发学生的学习热情，还能帮助他们在未来的学习和生活中更好地发挥自己的潜力。

具体来说，教育者可以通过观察和了解每个学生的特点，发现他们在不同学科或活动中的兴趣点。例如，有些学生可能对科学实验特别感兴趣，而另一些学生则可能在文学创作或艺术表现方面表现出色。教育者可以根据这些独特兴趣和特长，设计出符合每个学生需求的教学内容和方法。例如，对于喜欢科学实验的学生，教育者可以安排更多的实验课程和科学项目，让学生在实践中学习和探索。而对于擅长文学创作的学生，则可以提供更多的写作机会和文学作品的阅读，激发他们的创造力和想象力。

个性化的教学计划还可以根据学生的性格特点和学习风格进行调整。有些学生可能更适合独立学习，有些学生则可能在团队合作中表现得更好。教育者可以根据这些特点，安排适合他们的学习方式和任务。例如，对于喜欢独立学习的学生，教育者可以提供更多的自主学习资源和项目，让他们在自我探索中不断进步。而对于喜欢团队合作的学生，则可以安排更多的小组活动和合作项目，培养他们的沟通能力和团队精神。

通过这种个性化的教育方法，学生不仅能够在自己擅长和感兴趣的领域中获得更多的支持和资源，还能在学习过程中体验到成功的喜悦和成就感。这将极大地激发他们的学习热情，增强他们的自信心和自主学习能力。同时，个性化的教育方法还能帮助学生在未来的学习和生活中更好地发挥自己的潜力，为他们的全面发展奠定坚实的基础。

8. 鼓励学生深入参与教学活动

鼓励学生积极参与教学活动的设计、组织与实施过程，例如提出课程设想、担任教学助理、参与课程反馈等，以提高学生的主体性和责任感。学生通过这种方式不仅能够更好地理解课程内容，还能在实践中提升自己的能力，培养了他们的主人翁意识和胜任感。担任教学助理可以让学生在实际操作中学习如何管理课堂、协助教师完成教学任务，从而增强他们的组织能力和沟通技巧。参与课程反馈则能让学生提出自己的见解和建议，帮助教师改进教学方法，使课程更加贴近学生的需求。这样的参与不仅能让学生感受到自己在学习过程中的重要性，还能培养他们的自主学习能力和批判性思维。实践表明，通过鼓励学生参与教学活动的设计与实施，能够有效提升他们的主体性和责任心，为他们的全面发展奠定了坚实的基础。

（四）加强对人才的综合素质培养

1. 专业素养与技能的深化

为了确保学生能够充分掌握扎实的专业理论知识，并具备前沿的实践技能，以适应不断变化的行业标准和市场需求，学校还须加大对专业课程的教学力度。通过精心设计课程内容，结合最新的行业发展趋势，引入先进的教学方法和技术手段，能够有效地提升学生的专业素养和实际操作能力。同时，通过与行业企业的紧密合作，引入真实的项目案例和实习机会，让学生在实践中不断积累经验，从而更好地满足未来职场的需求。

2. 创新思维与解决问题能力的培养

通过采用创新思维训练和问题导向学习等多种教学方法，能够很好地培养学生的批判性思维、创造性思维以及解决复杂问题的能力。具体来说，创新思维训练旨在激发学生的想象力和创新能力，使他们能够跳出传统思维的框架，提出新颖的解决方案。问题导向学习则通过将真实世界中的复杂问题引入课堂，让学生在实际情境中进行探索和学习，从而提高他们分析问题和解决问题的能力。这两种教学方法相辅相成，共同促进学生在批判性思维、创造性思维和复杂问题解决能力方面的全面发展。

3. 跨学科知识与能力的整合

鼓励学生跨越学科的界限，积极地整合和融合来自不同领域的知识与技能，这样做不仅能够帮助他们拓宽视野，还能有效地培养他们的综合思维能力和跨界创新能力。通过这种跨学科的学习方式，学生能够学会如何将各个学科的理论和方法应用到实际问题中，从而在解决问题的过程中展现出更加灵活和创新的思维。此外，跨学科学习还能激发学生的好奇心和探索欲，使他们在学习过程中更加主动和积极，最终达到全面提升自身素质和能力的目的。

4. 团队合作与领导能力的培养

通过参与各种团队项目、学生社团活动以及领导力培训课程，学生能够在实践中培养和提升他们的团队协作精神和领导组织能力。这些活动不仅有助于学生在实际操作中学会如何与他人有效沟通、分工合作，还能让他们在面对挑战和解决问题的过程中锻炼自己的决策能力和领导力。通过这些丰富多彩的校园活动，学生将逐步学会如何在团队中发挥自己的优势，同时也能更好地理解团队合作的重要性，为未来的职业生涯打下坚实的基础。

5. 职业道德与社会责任感的培育

通过将职业道德教育和社会服务活动有机地融入课程体系，我们致力于培养学生的职业道德和社会责任感。这不仅有助于学生在专业领域内形成正确的价值观，还能使他们在社会实践中学会关心他人、服务社会。通过参与各种社会服务项目，学生能够亲身体验到社会的多样性和复杂性，从而培养出对社会问题的敏感性和解决问题的能力。最终，我们的目标是培养出既有专业技能又有社会责任感的人才，使他们能够在未来的工作和生活中为社会做出积极贡献。

6. 自主学习能力的养成

引导学生掌握自主学习的方法和技巧，帮助他们学会如何独立获取知识和技能，从而激发其自学的兴趣。学生通过这种方式能够更好地适应快速变化的社会和工作环境，为未来的发展打下坚实的基础。教育的目的不仅是传授知识，更是培养学生自主学习的能力，使他们能够在不断变化的世界中保持竞争力和适应性。通过培养学生的自主学习能力，能够帮助他们建立起终身学习的意识和习惯，使他们在未来的学习和工作中不断进步和成长。

7. 信息技术与数字素养的提升

为了满足数字化时代信息不断增长的需求，我们必须重视并加强信息技术教育，以确保学生能够全面提升他们的数字素养。这不仅包括掌握基本的计算机操作技能，还涉及能够熟练运用各种现代信息技术工具进行高效的学习和工作。通过这样的教育，学生能够更好地适应未来社会的发展，具备在数字化环境中快速获取、处理和应用信息的能力。这不仅有助于他们在学术上取得优异成绩，还能为他们未来的职业生涯打下坚实的基础，使他们能够在高度信息化的工作环境中脱颖而出。

8. 心理健康与情绪管理能力的培养

关注学生的心理健康，提供专业的心理咨询和系统的情绪管理培训，帮助学生树立积极向上的人生观，并培养他们应对各种压力和挑战的能力。学生通过这些措施可以更好地了解自己的情绪，学会有效地调节和管理情绪，从而在学习和生活中保持良好的心理状态，提高整体的生活质量。

二、陶瓷设计专业创新型人才培养

陶瓷设计专业是一门综合性的专业，对学生的培养涉及文化、审美、工业设计等多个学科。和其他设计类专业一样，尤其重视发展学生的创新能力。就高职院校的教学设置和人才培养方向而言，通过校企协作加强项目化教学，让学生在实践中快速成长是其中一个十分有效的途径。

（一）产教融合机制下的项目化教学

所谓项目化教学，是一种以实际项目为核心驱动力，贯穿于专业课程教学中的新型教育模式。在传统高校专业教育的框架下，项目实训往往局限于校内模拟环境，学生难以触及真实的项目操作体验，也无法从社会文化的深度理解和市场动态的精准把握中汲取养分，这无疑削弱了实训课程的有效性与实用性。

而校企合作的深化，则为项目化教学开辟了全新的路径，成为高校专业人才培养策略的一次革新。此模式下，高校积极整合企业资源，构建双赢的合作关系，既发挥了企业在材料供给、技术支撑、市场洞察等方面的优势，又借助了高校的教育平台与科研力量。以陶瓷设计专业为例，项目化教学不再是单纯的理论传授，而是紧密依托于陶瓷产业界的实际需求，通过与企业合作设定具体的产品研发项目，让学生在实践中学习，在学习中实践。

在此过程中，企业不仅提供了必要的硬件设施，如原材料、生产设备与作业空间，还分享了宝贵的软件资源，包括工艺流程、核心技术、专业人才及市场策略等。同时，高校的实验设施与师资力量则作为项目实施的坚强后盾，两者相辅相成，共同推动项目向前发展。尤为重要的是，企业在项目化教学中扮演了引领者的角色，而学生则作为项目实施的主体，不仅锻炼了专业技能，更在真实的市场环境中培养了创新思维与问题解决能力。

因此，构建并维护学校与企业间在教学过程中的和谐共生关系，成为推动校企产教融合机制不断成熟与深化的关键所在。这一过程不仅促进了教育资源的优化配置，更为培养符合社会需求的高素质专业人才奠定了坚实基础。

（二）产教融合机制下校企协同育人的策略

在产教融合的战略框架下，校企合作的核心追求在于整合学校与企业的精髓资源，共同营造一个适宜陶瓷工艺设计专业教育教学的卓越环境，旨在深度优化并革新现代陶瓷工艺设计创新人才的培养体系。

具体而言，搭建校企合作协同育人的坚实平台，首要任务便是充分利用陶瓷工艺产品研发企业的雄厚资源，以其实际研发项目为基石，精心设计并引入一系列陶瓷产品研发项目至高校的专业教学之中。这一过程实现了从虚拟模拟到真实案例的根本性转变，让学生在实战中学习，在学习中成长。

为实现这一目标，校企需从 3 个维度全面推进：一是校企资源的深度协同，确保企业的物质资源与高校的知识资源无缝对接；二是校企教学的紧密协同，让企业的项目需求与高校的教学计划相辅相成；三是校企师资的有效协同，促进高校教师与企业专家的智慧碰撞与经验交流。通过这 3 个方面的协同努力，我们不仅能为学生创造一个更加贴近行业实际的学习环境，还能为陶瓷工艺设计领域持续输送具备创新精神与实践能力的高素质人才。

1. 校企间的资源协同

将企业的研发项目融入高校的陶瓷工艺设计专业课程，旨在将企业的专业资源和经验带入教育环境，让学生在实际的课堂环境中体验产品开发的真实流程和环境。通过这种项目化教学方法，学生能够被培养成为陶瓷工艺领域的专业人才，同时这种教学模式也确认了校企合作中以企业资源和产品开发为导向的重要性。实施项目化教学理念时，必须从企业的优势资源和核心需求出发，将这些资源和需求与高校的教学大纲、计划和目标相结合，形成具体的教学项目。

在培养以陶瓷工艺产品生产为核心的设计创新人才时，教育应侧重于利用企业的硬件设施、技术专长和市场优势，以及对产品研发和创新的内在需求。教育目标应定位于培养能够传承并创新陶瓷工艺技术的人才。从企业的角度来看，培训项目应围绕陶瓷工艺产品的创新研发进行；从教学内容上看，既要强化陶瓷工艺产品开发的技能训练，也要重视工艺技术和设计创新的理论教学，从而构建以企业需求为基础的陶瓷工艺设计创新人才培养机制。

此外，项目的性质和特征需要明确，确保项目的实施与学校的利益和资源特征相匹配。这意味着项目不应仅仅是企业单方面的项目，而应是校企合作框架下的共同项目。高校作为企业的合作伙伴，应投入其在陶瓷工艺设计方面的优势资源，以促进项目实施和专业化教学，激发双方合作的积极性，形成资源共享和协同的专业教学模式。

2. 校企间的教学协同

在当前高等教育体系中，陶瓷工艺设计专业的课程设置通常分为理论教学和实践教学两个主要部分。然而，在实施项目化教学的过程中，这种传统的分离状态将被打破，将理论教学与实践教学紧密结合，贯穿于陶瓷工艺产品的整个研发过程中，形成一种综合性的专业教学模式。在这种模式下，高校和企业将共同采取"三位一体"的教学策略，实现理论教学、实践教学和综合教学的深度融合。

（1）理论教学的校企协同体。在理论教学部分，以企业的项目需求为核心，结合学校的理论教学资源，形成一种完美的"理论结合实践"的教学模式。在这种模式下，陶瓷工艺产品生产企业将积极参与到学校的理论教学中，为传统的专业理论教学带来新的视角和活力。同时，学校主导的理论教学也将融入企业的实际案例中，使学生能够在社会调研、产品设计定位和创新等环节中，深刻体会到专业理论的实践价值。

实践教学的校企协同则表现为，以企业的实践教学资源为主导，辅以学校的理论教学支持，形成另一种"二元协同"的教学模式。在这一过程中，陶瓷工艺产品生产企业的研发和生产部门将与学校的专业化教师组成跨学科的教研团队，共同开展教学活动。这种教学模式将充分利用企业的先进设施、设备和人力资源，同时引入学校的师资力量，促进企业项目的顺利进行，实现理论与实践的有机结合。

综合性教学的校企协同则更加注重校企双方在教学资源上的整合和协同。在这种教学模式下，学校和企业将共同组建以学生为主体的调研团队，整合双方的优势资源，以一种更加宏观、统筹和平台化的方式支持教学活动。这种教学协同不仅有助于改善校企双方的"二元分立"现状，也是确保陶瓷工艺设计教育成功的关键因素。

（2）教学内容的设计应符合校企合作的需要。在陶瓷工艺设计教育领域，教学内容的构建是实现培养陶瓷工艺产品化人才目标的关键。这种教学内容的构建是在已经确立的校企协同教学范式的基础上进一步深化的。具体来说，校企协同在教学内容上的体现是学校与企业在陶瓷工艺知识体系的多个层面上进行深度融合与合作的结果。

这种协同体现在对陶瓷工艺的基础理论知识的教学上。首先，学校提供扎实的理论基础，而企业则通过实际案例和市场经验帮助学生理解这些理论知识在实际生产中的应用。其次，协同还表现在陶瓷工艺技法的教学中。企业的专业技师可以向学生传授实际操作技能，而学校则提供理论支持，帮助学生掌握技法背后的原理。再次，设计理论与实践的结合也是校企协同的重要方面。企业可以提供市场趋势和消费者需求的实时信息，而学校则可以引导学生如何将这些信息融入设计创新中。此外，校企协同还涉及陶瓷产品设计创新理念的教学。企业可以分享其产品设计的成功案例和经验教训，而学校则可以提供创新思维和设计理念的系统教学。最后，教学内容的校企协同还包括对陶瓷艺术理论知识、工艺技法与技巧、图式设计创新思维的深入探讨。企业可以提供实际操作的平台，而学校则可以提供艺术理论的深度解析和创新思维的训练。

3. 校企间的师资协同

在将项目导入专业教学的模式下，高校与企业之间的师资力量协调统一，是确保校企产教融合机制顺利运行的关键环节。校企双方的师资不仅担任项目化教学的总策划者角色，而且是引导学生进行专业化学习和职业化探索的关键力量，同时，他们也是促进学校、企业和学生围绕既定主题开展实践活动的重要纽带。因此，明确促进校企师资协同合作的基础与策略，对于顺利推进校企间陶瓷工艺设计创新人才的培养至关重要。

（1）校企师资协同的根基。在高等教育领域，针对陶瓷工艺设计创新人才的培养，学校的专业教师与企业职业化师资共同构建了"双师型"教学团队。这一团队在身份、本质特征、教学职责和教学模式等方面展现出鲜明的个性化特点，并且这些特点之间相互依赖、互为补充，形成了专业属性的特质。因此，在陶瓷工艺产品研发项目的全过程中，双方应坚持相互尊重和理解的原则，明确并识别各自的优势与不足。从项目和教学的核心出发，同时考虑到集体与个人的权利与责任，促进师资双方在教学模式、教学内容和教学过程中的和谐统一。

（2）校企师资协同的策略。在校企合作的"双师型"师资团队中，企业方面的教师主要由具有丰富行业经验的设计师、工艺师、市场评估师和销售师组成。他们将利用自己在职业化技术素养和设计规划能力方面的优势，为陶瓷工艺设计创新人才的培养提供具有实践指导意义的课程内容。而高校方面的教师则侧重于陶瓷工艺理论、陶瓷文化历史、设计美学、艺术哲学和创新思维等领域，引导学生深入参与到新的陶瓷工艺产品开发项目中。如何有效整合并发挥校企双方师资力量的优势，对于校企合作的产学研融合机制的顺利实施至关重要。

在高校专业人才培养课程的整体架构中，专业课程一般包括理论课、实践课和实习课程。在将项目引入专业教学的模式下，需要在传统的课程设置基础上进行调整和优化，分别设置理论性课程教学、实践性课程教学和项目实训课程教学等 3 个层面的课程内容。

在理论性课程教学阶段，应以项目为纽带，实现校企师资力量在理论知识方面的互补性输出。在陶瓷工艺设计专业教学中，理论性课程主要由工艺美术史、设计史、设计美学等组成，由不同的理论课教师授课。在以项目导入为纽带的校企协同育人模式下，理论性教学也应围绕"陶瓷工艺产品研发项目"展开，高校专业教师将从文化历史、美学思想、价值取向、功能设计和可持续发展等方面引导学生进行理论学习与探讨。企业的师资团队则从产品开发的社会调研、产品定位、受众群体的选定、产品风格的拟定、工艺技术的支撑、生产流程的设定以及设计样品的检验和市场信息的反馈等方面，引导学生结合真实案例了解和掌握一款陶瓷工艺产品从研发到流通的全过程。

在实践性课程教学阶段，应以项目为纽带，促进校企师资力量在陶瓷产品输出层面的技术性输出。高校专业教师的技术性特长在于深厚的艺术设计理论知识和丰富的设计创新思维。因此，要充分发挥高校专业教师在陶瓷工艺设计、材料设计、工艺设计、造型设计、装饰设计、功能设计和审美价值取向等方面的优势，指导学生进行陶瓷工艺产品的设计研发。企业师资团队则主要从陶瓷工艺产品的制作工艺技术、工艺输出系数、产品成品率和产品开发的利润率等角度给予指导，实现校企师资力量在实践性教学环节的相互融通。

在项目实训课程教学阶段，应以项目为纽带，充分调动校企师资力量在产品输出层面的协调统一关系。项目实训课程教学阶段是在理论与实践教学结束后的综合性课程教学阶段，既是陶瓷工艺产品输出的实质性阶段，也是校企合作项目的关键阶段，更是校企协同育人项目的收官阶段。在该阶段的专业教学中，高校教师应以从属的身份配合学生进行陶瓷工艺产品项目的实施，使其在既定的硬件与软件教学环境中，组建各自的产品研发团队，并以校企优势资源为支撑开展"翻转课堂式"的项目化训练。

第四章
产教融合背景下高职院校应用型人才培养

在快速变革的产业格局下，产教融合作为提升职业教育质量、促进教育链与产业链深度融合的重要途径日益受到重视。本章聚焦于高职院校应用型人才培养的深入探索，旨在通过系统梳理与分析，为新时代下高职院校如何精准定位培养目标、构建高效培养体系、创新培养模式提供理论支撑与实践指导。特别地，以陶瓷设计专业为例，展现其在产教融合背景下应用型人才培养的独特路径与成效，不仅彰显了职业教育服务地方经济社会发展的能力，也为其他专业领域的改革与发展提供了可借鉴的范例。通过本章的学习，读者将深刻理解产教融合对于提升高职院校应用型人才培养质量的重要意义，以及如何在具体专业实践中有效实施与推进。

第一节　应用型人才培养目标

一、应用型人才培养的内涵

高职院校培养应用型人才的目标是通过课程设计、教学策略、实践训练以及与社会的合作等多元化途径，培育出具备应用型思维、创新意识和实际操作技能的人才。这要求学生在扎实的理论知识基础上，能够将所学知识有效应用于实际工作中，并能从实际操作中积累经验并提炼出规律性的认识。

在人才培养模式上，高职院校强调学生自身的探索性学习、独立思考和问题解决能力，为此，需要运用多样化的教学方法和评价体系，以调动学生的内在动力和参与热情。此外，加强与产业界的联系与合作，为学生提供丰富的实践机会和项目支持，同时积极推进科研成果的转化及其产业化进程，是高职院校应用型人才培养不可或缺的一环。

高职院校的应用型人才培养模式是一种全方位、多维度的教育方式，它注重实践操作、倡导创新思维、鼓励学生的自主学习和独立思考，同时强化产业界与教育界的紧密联系，并构建完善的导师辅导体系，以培养出适应社会和市场需求的高素质应用型人才。

二、培养高职院校应用型人才的教学理念

构建有利于实用型人才发展的教学理念是高职教育改革的核心内容，它要求教育者重新审视和设计教学过程，确保教学活动能够满足社会对实用型人才的需求。

（一）以职业需求为导向的教学目标

在当今社会，教学理念的制定应当紧密围绕社会职业需求，以确保教育内容与实际工作环境中的职业技能标准相一致。通过明确具体的培养目标，教育机构能够有针对性地设计课程体系，从而培养出能够满足行业需求的实用型人才。这种以市场需求为导向的教学模式，不仅有助于学生在毕业后迅速适应职场环境，还能提高他们的就业竞争力，确保他们在未来的职业生涯中能够更好地应对各种挑战。因此，教育者应当深入了解各行各业的具体要求，不断更新和完善教学内容，以期培养出既有理论基础又有实践能力的复合型人才。

（二）工学结合的教学模式

采用工学结合的教学模式，通过校企合作、实习实训、项目导向学习等多种方式，让学生在真实的工作环境中学习和应用知识，从而增强学生的职业技能和工作适应能力。这种模式不仅注重理论知识的传授，更强调实践操作的训练，使学生能够在实际工作中迅速上手，提高工作效率。通过校企合作，学校与企业共同制订教学计划，确保课程内容与企业需求紧密结合，使学生在校期间就能接触到最新的行业动态和技术发展。实习实训环节则为学生提供了亲身参与企业项目的机会，使他们能够在实际工作中积累经验，提升解决实际问题的能力。项目导向学习则通过具体项目任务的完成，培养学生的团队合作精神和项目管理能力，使他们在未来的职业生涯中更具竞争力。

（三）能力本位的教学内容

在教学过程中，应当将能力培养作为核心目标，重点关注学生在专业技能和通用技能方面的提升。具体而言，这包括但不限于批判性思维能力的培养，使学生能够独立分析和评估问题；沟通协调能力的提升，帮助学生在各种情境下有效表达和交流思想；团队合作能力的锻炼，使学生能够在集体中发挥积极作用，协同完成任务；以及创新解决问题的能力，鼓励学生在面对挑战时能够灵活思考，提出新颖且有效的解决方案。通过这些能力的培养，学生将能够在

未来的学术和职业生涯中更好地适应和应对各种复杂多变的挑战。

（四）以学生中心的教学方法

采用以学生为中心的教学方法，旨在鼓励学生积极主动地参与到学习过程中，通过自主探索和积极参与，激发他们的学习兴趣和内在动力。在这种教学模式下，教师不再是单向的知识传授者，而是成为学生学习的引导者和促进者。通过组织各种形式的讨论、合作学习和反思活动，学生能够在实践中不断积累经验，提升自主学习和终身学习的能力。

具体来说，讨论环节可以采用小组讨论、辩论赛、研讨会等多种形式，让学生在交流中碰撞出思想的火花，培养他们的批判性思维和沟通能力。合作学习则强调团队协作，通过小组合作完成项目或任务，学生可以在合作中学会分工协作、相互支持，培养团队精神和责任感。反思活动则鼓励学生在学习过程中不断回顾和总结，通过自我反思和同伴评价，提高他们的自我监控能力和自我调节能力。通过这些多样化的学习方式，学生不仅能够掌握知识和技能，还能在过程中培养独立思考、解决问题的能力，为他们的未来学习和职业生涯打下坚实的基础。

（五）双师型教师的教学团队

为了打造一支具备双师素质的教师团队，我们致力于选拔和培养既拥有深厚的专业理论知识，又具备丰富的行业实践经验的教师。这样的教师不仅能够深入理解学科的核心内容，还能将这些理论知识与实际工作中的具体应用相结合。通过他们的教学，学生能够获得更加全面和实用的知识，从而在未来的职场中更具竞争力。

（六）持续更新的教学资源

为了确保教学内容的时效性和前瞻性，教学资源必须紧跟行业的发展趋势和技术进步的步伐。这意味着教材、案例、工具等教学资源需要不断进行更新和升级。通过持续地引入最新的行业动态、技术革新和实践案例，教育机构能够为学生提供与现实社会紧密相连的学习体验。这种持续的更新不仅有助于学生掌握当前的行业知识和技能，还能培养他们对未来变化的适应能力和前瞻性思维。因此，教育者应当密切关注行业动态，积极与企业合作，引入最新的技术和工具，以确保教学资源始终保持在行业前沿。

（七）多元化的教学评价

建立一个多元化的教学评价体系，不仅仅局限于对学生知识掌握程度的评价，更重要的是要全面评估学生的实践能力、创新能力和职业素养。这样的评价体系能够更全面地反映学生的学习效果，帮助他们在未来的学习和工作中更好地适应和应对各种挑战。通过这种多元化的评价方式，教师可以更准确地了解每个学生的优势和不足，从而有针对性地进行教学调整，帮助学生全面发展。同时，学生也能通过这种评价体系更好地认识到自己的不足，激发他们的学习动力，培养他们的综合素质。

（八）教学与服务社会的结合

将教学与服务社会紧密结合起来，积极倡导和鼓励学生积极参与各类社会服务项目，我们可以借用这些实践活动帮助培养和增强学生的社会责任感和服务意识。这样不仅能够让学生在实际操作中更好地理解和掌握所学知识，还能使他们在服务社会的过程中，体会到帮助他人的快乐和成就感，从而更加积极地投身于社会公益事业，为社会的发展和进步贡献自己的力量。

三、打造促进实用型人才成长的有效路径

（一）强化实践教学

为了进一步提升学生的专业技能和应用能力，教育机构应增加实践教学环节，包括实训、实习和项目实践等多种形式。学生通过这些环节能够在真实的工作环境中进行实际操作，从而更深入地理解和掌握专业知识。实训环节可以模拟真实的工作场景，让学生在教师的指导下进行具体的操作练习，帮助他们熟悉各种工具和设备的使用方法。实习环节则为学生提供了进入企业或机构进行实际工作的机会，使他们能够在真实的工作环境中积累经验，了解行业现状和工作流程。项目实践环节则通过完成具体的项目任务，培养学生的团队合作能力、项目管理和解决问题的能力。通过这些实践教学环节，学生不仅能够将理论知识与实际操作相结合，还能在实际工作中锻炼自己的职业技能，为未来的职业生涯打下坚实的基础。

（二）深化产教融合

与各行各业的企业建立紧密的合作关系，共同携手开发课程内容，积极参与教学过程，提供实习和实训的机会，使学生能够紧跟行业发展的步伐，满足不断变化的市场需求。学校应致力于与各领域的领先企业建立长期稳定的合作关系，通过深入交流与合作，共同设计和开发与时俱进的课程体系。这些课程不仅涵盖理论知识，还注重实践技能的培养，确保学生能够掌握最新的行业动态和技术趋势。

在教学过程中，学校应积极邀请企业专家参与授课和讲座，分享他们的实

际经验和行业见解，使学生能够从不同角度了解行业现状和未来发展方向。此外，我们还为学生提供丰富的实习和实训机会，让学生在真实的工作环境中锻炼自己的技能，以及积累宝贵的工作经验。学生通过这些实践活动能够更好地将所学知识应用于实际工作中，提高解决问题的能力，增强就业竞争力。通过与各行业企业的紧密合作，不断优化课程内容，提升教学质量，使学生能够紧跟行业发展的步伐，满足不断变化的市场需求，为社会培养出更多具有创新精神和实践能力的高素质人才。

（三）推动双创教育

为了激发学生的创新精神和创业热情，学校应积极鼓励学生参与创新创业教育。通过组织各类创业项目、竞赛和其他实践活动，学生可以在实际操作中锻炼自己的创新意识和创业能力。这些活动不仅能够帮助学生将理论知识与实际应用相结合，还能培养他们的团队合作精神、领导力和解决问题的能力。通过亲身经历创业过程中的挑战与机遇，学生将更加明确自己的职业方向，为未来的职业生涯打下坚实的基础。

（四）优化课程体系

为了确保教学内容与行业实际需求紧密对接，我们需要构建一个与职业标准高度一致的课程体系。这样做的目的是提高课程的实用性和针对性，使学生在学习过程中能够掌握与未来职业发展密切相关的核心技能和知识。通过深入分析行业需求，结合具体的职业标准，我们可以设计出符合实际工作场景的课程内容，确保学生在毕业后能够迅速适应职场环境，提升其就业竞争力。此外，课程体系的持续更新和优化也是必不可少的，以确保教学内容始终与时俱进，满足不断变化的行业需求。

（五）实施个性化教学

根据每个学生的独特兴趣和显著特长，教育机构可以制订和提供量身定制的教学计划和专业指导。这样做的目的是帮助学生充分发掘自身潜力，进而实现自我发展和成长。通过这种方式，学生可以在自己感兴趣的领域中获得更深入的知识和技能，同时也能更好地了解自己的优势和劣势，从而有针对性地进行改进和提升。个性化的教学不仅能够提高学生的学习积极性和主动性，还能帮助他们在未来的学习和职业生涯中找到最适合自己的道路。

（六）引进具有丰富实践经验的双师型教师

为了进一步提高教育质量，我们致力于培养和引进具备丰富实践经验的双师型教师。这些教师不仅在学术上有着扎实的理论基础，还在实际工作中积累了大量的实践经验。通过这种方式，我们能够确保教师队伍不仅具备高水平的专业知识，还能将这些知识有效地传授给学生。通过不断加强教师的教学能力和专业水平，我们能够为学生提供更加高质量和实用的教育，帮助他们在未来的学习和工作中更好地应对各种挑战。

（七）建立校内外实训基地

为了进一步提升学生的实践能力和职业技能，我们将致力于建设功能齐全、设备先进的校内外实训基地。这些基地将模拟真实的工作环境，力求在每一个细节上都贴近实际工作场景，从而为学生提供一个全面而真实的实际操作平台。通过这样的实训基地，学生可以在课堂之外获得宝贵的实践经验，增强了解决实际问题的能力，为未来的职业生涯打下坚实的基础。

（八）开展职业资格认证

为了进一步提升学生的就业竞争力，学校应积极鼓励学生积极参与各类职业资格认证考试，努力获取行业广泛认可的专业证书。通过这些认证，学生不仅能证明自己具备相关领域的专业知识和技能，还能在求职过程中脱颖而出，增加获得理想工作的机会。此外，这些证书还能帮助学生在职业生涯中获得更多的发展机会和晋升空间，从而在激烈的就业市场中占据有利地位。

第二节　应用型人才培养体系

一、构建应用型人才的培养方案

构建应用型人才的培养方案，已经成为高职院校教育改革的重要方向之一。这一方案的核心目标在于培养出能够满足社会和市场需求的高素质技术技能型人才。通过这种培养方案，高职院校不仅能够提升学生的实际操作能力和专业技能，还能使他们更好地适应未来的职业发展需求，从而为社会输送更多具备实践经验和创新能力的优秀人才。

（一）明确培养目标

在当今社会，各行各业都在迅猛发展，对人才的需求也在不断变化。为了满足这些需求，我们必须明确应用型人才的培养目标，以确保他们具备在未来职场中取得成功所需的各项技能和素质。具体来说，这些培养目标包括专业能力、创新精神和职业素养等多个方面。

专业能力是应用型人才的核心。这意味着他们必须掌握扎实的专业知识和技能，能够熟练运用这些知识解决实际问题。为了达到这一目标，教育机构需要密切关注行业发展趋势，及时更新课程内容，确保学生所学知识与市场需求保持一致。

创新精神是应用型人才不可或缺的一部分。在快速变化的现代社会，创新已经成为推动各行各业发展的关键因素。因此，教育机构应当鼓励学生培养创新思维，激发他们的创造力，使他们能够在工作中提出新颖的解决方案，推动企业和社会的进步。

职业素养也是应用型人才必须具备的重要素质。这包括良好的职业道德、团队合作精神、沟通能力和自我管理能力等。具备这些素质的人才能在职场中更好地适应各种环境，与他人有效合作，从而提高工作效率和团队绩效。

（二）课程体系的优化

为了更好地满足职业发展的需求，我们致力于构建一个与职业标准紧密对接的课程体系。这一课程体系不仅注重理论知识的传授，还强调将理论与实践相结合，确保学生能够将所学知识应用到实际工作中。为此，我们特别强化了专业核心课程的教学，确保学生掌握专业领域的核心技能和知识。同时，还增加了选修课程的数量和种类，为学生提供更加多样化的学习路径，使他们能够根据自己的兴趣和职业规划选择适合自己的课程。

（三）教学内容的更新

为了确保教学内容始终保持与行业发展和技术进步同步，我们将定期进行更新和修订。通过引入真实的案例和项目，我们旨在提高教学的实用性和针对性，使学生能够更好地理解和掌握所学知识，并将其应用于实际工作中。这种教学方法不仅能够激发学生的学习兴趣，还能帮助他们更好地适应未来的职业挑战。

（四）实践教学的强化

为了进一步提升学生的专业技能，我们将增加实验、实训和实习等多种实践教学环节。通过这些环节，学生将有机会在实际操作中亲身体验和掌握专业知识。具体来说，我们将建立校内外的实训基地，这些基地将配备先进的设备和真实的操作环境，使学生能够在实际工作中应用所学的理论知识。此外，我们还将与企业合作，安排学生进行实习，以便他们在真实的工作环境中积累宝贵的经验。通过这些实践教学环节，学生不仅能够更好地理解和掌握专业知识，还能提前适应未来的工作环境，为将来的职业生涯打下坚实的基础。

（五）双师型教师队伍的建设

为了提升教育教学质量，我们致力于培养和引进那些具备丰富实践经验的双师型教师。这些教师不仅在理论知识方面有着扎实的基础，还在实际操作和应用方面具有丰富的经验。通过这种方式，我们旨在提高教师队伍的整体教学能力和实践指导能力，使他们能够更好地指导学生将理论知识应用于实际情境中，从而培养出更多具备实际操作能力和创新精神的高素质人才。

（六）产教融合的深化

与行业企业建立紧密的合作关系，共同参与人才培养方案的制订，提供实习实训机会，促进教育与产业的深度融合。通过这种合作模式，学校和企业可以共同探讨和研究市场需求，从而制订出更加贴近实际、更具前瞻性的教育方案。企业可以分享其在行业中的实践经验和技术知识，帮助学生在校期间就能接触到真实的工作环境和挑战，从而提升他们的实际操作能力和解决问题的能力。同时，学校也可以根据企业的需求，调整课程设置和教学内容，使学生在毕业后能够更快地适应工作岗位，提高就业竞争力。这种教育与产业的深度融合，不仅有助于培养高素质的人才，还能推动整个行业的创新发展，实现多方共赢的局面。

（七）教育质量的监控与评价

为了确保教育质量的持续提升，我们需要建立一套完善的教育质量监控和评价机制。这包括定期对培养方案进行全面的评估和调整，以确保其始终符合教育目标和学生需求。通过这种方式，我们可以及时发现并解决教育过程中存在的问题，不断优化教学方法和内容，提高教学效果。

具体来说，教育质量监控和评价机制应包括以下几个方面：

（1）设立专门的监控和评价团队，负责定期对教育过程进行检查和评估。

（2）制定详细的评估标准和指标，确保评估结果的客观性和准确性。

（3）通过问卷调查、访谈、考试成绩等多种方式收集数据，全面了解教育质量的现状。

（4）定期召开教育质量评估会议，讨论评估结果，提出改进措施。

（5）根据评估结果，对培养方案进行必要的调整，以适应教育发展的需求。

（6）加强教师培训，提高教师的教学能力和专业素养，确保教育质量的提升。

（7）建立反馈机制，及时将评估结果和改进措施反馈给教师、学生和家长，增强各方的参与感和满意度。

二、构建应用型人才培养课程体系

为了更好地适应社会和企业对高素质专业人才的需求，我们必须构建一个科学、合理的应用型人才培养课程体系。这一课程体系应当紧密结合实际工作需求，注重理论与实践的有机结合，培养学生的实际操作能力和创新能力。

课程设置应当涵盖基础理论知识、专业核心课程以及实践技能训练等多个方面。基础理论知识是学生掌握专业知识的前提，专业核心课程则是学生深入学习某一领域的关键，而实践技能训练则能够帮助学生将所学知识应用到实际工作中，提高解决实际问题的能力。课程体系应当注重跨学科知识的融合。现代社会对人才的要求越来越多元化，跨学科知识的融合能够帮助学生拓宽知识面，增强适应不同工作环境的能力。因此，在课程设置中应当适当引入相关学科的知识，促进学生全面发展。课程体系应当注重培养学生的创新能力和团队合作精神。创新是推动社会进步的重要动力，团队合作则是现代企业中不可或缺的工作方式。因此，在课程体系中应当设置相关的创新实践课程和团队合作项目，激发学生的创新思维，培养他们的团队协作能力。最后，课程体系应当建立与企业的紧密合作关系。通过校企合作，可以将企业的实际需求和最新技术引入课程体系中，使学生在校期间就能够接触到真实的工作环境和最新的技术动态。这样不仅能够提高学生的就业竞争力，还能为企业输送更多符合实际需求的高素质专业人才。具体操作如下：

（1）加强行业调研与分析，明确培养目标。首先，需深入行业一线进行广泛调研，了解行业发展趋势、技术革新及人才需求变化，确保课程设置与行业要求高度契合。其次，根据市场需求和行业发展趋势，明确应用型人才应具备的知识、技能和素质。

（2）课程模块化设计。根据行业需求将课程体系划分为基础理论模块、专业技能模块、实践实训模块及创新创业模块等，每个模块均围绕培养学生的特定能力展开，形成层次分明、相互支撑的课程结构。设计课程时要注重理论与实践的结合，确保课程内容与实际工作需求相匹配。

（3）模块化教学。将课程划分为不同的模块，如基础理论模块、专业技能模块、实践应用模块等，以便学生根据自己的兴趣和职业规划进行选择。

（4）跨学科整合。鼓励跨学科学习，通过整合不同领域的知识，培养学生的综合素质和创新能力。

（5）强化实践教学。加大实践教学比重，构建校内实训基地、校外实习基地等多层次实践教学平台，通过项目导向、任务驱动的方式，让学生在解决实际问题的过程中掌握技能、提升能力。增加实验、实训、项目研究等实践教学环节，提高学生的动手能力和解决实际问题的能力。

（6）案例教学。引入真实案例分析，让学生在分析和解决问题的过程中学习和运用理论知识。

（7）融入行业标准与认证。将行业标准、职业资格认证等内容融入课程体系，使学生在校期间就能获得行业认可，提高就业竞争力。

三、构建应用型人才培养的考核评价体系

为了培养应用型人才，须构建科学考核评价体系。体系涵盖理论、实践及创新能力。考试测验评估知识掌握，实验实习提升技能，创新竞赛激发潜能。评价结合过程与结果，全面了解学习情况。该体系对提升教育质量和学生能力至关重要，助力培养优秀人才。构建应用型人才培养的考核评价体系是确保人才培养质量的关键环节。

（一）考核评价体系的设计原则

1. 全面性原则

在构建考核评价体系时，应当全面考虑学生的各个方面，包括但不限于他们的知识掌握程度、技能水平、实践能力、创新能力以及职业素养。这样的评价体系能够确保对学生进行全面的评估，从而更准确地反映他们在各个领域的表现和能力。

2. 客观性原则

在进行评价的过程中，必须确保评价的客观性和公正性，避免受到主观臆断和偏见的影响。这意味着评价者应当遵循一定的标准和程序，确保评价结果的准确性和可信度，从而为学生提供一个公平的评价环境。

3. 发展性原则

评价体系应当关注学生的成长和进步，采用动态评价的方式，鼓励学生持续改进。这种评价方式不仅关注学生的当前表现，还关注他们在学习过程中的进步和变化，从而激发学生的学习动力，帮助他们在各个方面取得更好的发展。

4. 多元化原则

在评价过程中，应当采用多种评价方法和手段，如笔试、实操、项目报告、口头答辩、同行评审等，以全面反映学生的综合能力。这种多元化的评价方式能够从不同角度和维度评估学生的表现，从而更全面地了解学生的实际能力和水平。

（二）考核评价体系的构成要素

1. 理论知识考核

（1）内容。本次考核的主要目的是深入评估学生对于专业基础知识以及核心理论的掌握程度和理解能力。我们将重点考查学生是否能够准确把握课程中的关键概念、原理和方法，并能够灵活运用这些知识解决相关问题。

（2）方式。考核将通过多种方式进行，包括但不限于闭卷考试、开卷考试及在线测试等。闭卷考试要求学生在没有参考材料的情况下完成试题，以检验其对知识的内化程度；开卷考试则允许学生查阅相关资料，以评估其应用知识的能力；在线测试则利用现代技术手段，提供灵活多样的考核形式，同时确保考核的公正性和便捷性。

（3）标准。评分标准将严格依据教学大纲和课程标准制定，以确保评价过程的准确性和一致性。评分细则将明确各项考核内容的分值比例，确保每位学生都能在公平、公正的环境下得到合理的评价。

2. 实践技能考核

（1）内容。本次考核将重点评估学生的实验技能、操作技能以及解决实际问题的能力。我们将着重考查学生在实验室环境中的动手能力、仪器设备的使用熟练度以及面对实际问题时的应变能力。

（2）方式。考核将通过多种实践形式进行，包括但不限于实验室操作、实训项目、技能竞赛以及企业实习等。实验室操作要求学生在规定时间内完成指定实验，并准确记录实验数据；实训项目则通过模拟实际工作场景，考查学生的综合操作能力；技能竞赛则通过比赛形式激发学生的积极性和竞技精神；企业实习则让学生在真实的工作环境中接受考核，检验其实际操作能力。

（3）标准。我们将制定详细的技能考核标准和操作流程，确保评价过程的规范性和公平性。考核标准将涵盖操作的准确性、熟练度、安全意识及问题解决能力等多个方面，以全面评估学生的实践技能水平。

3. 项目与案例分析

（1）内容。本次考核要求学生积极参与实际项目或案例分析，以检验其综合运用所学知识解决实际问题的能力。我们将重点考查学生在项目或案例分析过程中的思维逻辑、分析方法、创新意识以及团队协作能力。

（2）方式。考核将通过多种方式进行，包括但不限于项目报告、口头汇报及答辩等。项目报告要求学生提交一份详尽的项目总结报告，展示其在项目中的贡献和成果；口头汇报则要求学生通过演讲形式向评委展示其项目或案例分析的过程和结论；答辩环节则通过提问和回答的方式，进一步考查学生的应变能力和深入思考能力。

（3）标准。评分标准将综合考虑项目难度、完成质量、团队合作情况以及创新性等因素。我们将根据学生在项目或案例分析中的表现，全面评估其综合运用知识的能力和团队协作精神。

4. 职业素养与创新能力考核

（1）内容。本次考核将全面评估学生的职业道德、团队协作精神、创新思维以及创业意识等方面。我们将重点考查学生在日常学习和生活中展现出的职业素养，以及在面对新问题时的创新能力和创业潜力。

（2）方式。考核将通过多种方式进行，包括但不限于日常行为观察、团队合作项目、创新项目申报与实施以及创业计划大赛等。日常行为观察将关注学生在校园生活中的表现，评估其职业道德和团队精神；团队合作项目则通过小组合作完成任务，考查学生的协作能力和沟通技巧；创新项目申报与实施则鼓励学生提出创新想法，并将其付诸实践；创业计划大赛则为学生提供展示创业能力的平台，评估其创业意识和实际操作能力。

（3）标准。我们将根据学生在这些活动中的表现进行综合评价，关注学生的品德修养和创新能力。评分标准将涵盖学生的责任心、诚信度、团队合作能力以及创新思维等多个方面，以全面评估学生的职业素养和创新能力。

（三）考核评价体系的实施步骤

1. 明确考核目标

为了确保教育质量与人才培养目标相符合，并满足行业对人才的具体需求，我们必须设定明确的考核评价目标和具体要求。这些目标和要求应当涵盖学生在知识、技能和综合素质等各个方面，以确保学生在完成学业后能够胜任未来的工作。

2. 制订考核方案

在明确考核目标的基础上，我们需要设计一个科学合理、切实可行的考核方案。这个方案应当详细规定考核的具体内容，包括考核的知识点和技能要求；明确考核的方式，如笔试、口试、实践操作等；设定考核的标准，确保评价的客观性和公正性；并规定考核的时间节点，以便学生有足够的时间准备和复习。

3. 实施考核评价

在考核方案制订完成后，然后按照方案的要求组织实施考核评价工作。这包括组织考试、监考、评分和审核等各个环节，确保整个评价过程的规范性和透明度。同时，要采取有效措施防止作弊等不正当行为，确保评价结果的真实性和可信度。

4. 反馈与改进

考核评价结束后，及时向学生反馈评价结果是非常重要的。这不仅能让学生了解自己在学习过程中的优点和不足，还能帮助他们明确今后的努力方向。此外，根据评价结果，教育机构应当对课程体系和教学方法进行持续改进，以提高教学质量和人才培养效果。这包括调整课程内容、改进教学方法、优化教学资源等方面，确保教育体系与时俱进，满足学生和社会的需求。

（四）考核评价体系的特点与优势

1. 全面性

这套评价体系能够全面地反映学生的综合素质和能力水平，不仅仅局限于传统的学科成绩，还包括学生的创新思维、实践能力、团队合作精神以及道德品质等多方面素质。

2. 客观性

为了确保评价的客观性和公正性，我们采用了多元化的评价方法和手段。这包括但不限于标准化测试、教师评价、同学互评、自我评价以及实际操作考核等多种形式，从而全方位地评估学生的表现。

3. 发展性

这套评价体系特别关注学生的成长与进步，鼓励学生在学习过程中不断反思和改进。通过定期的反馈和指导，帮助学生明确自己的优势和不足，从而有针对性地进行提升。

4. 导向性

该体系能够引导学生注重实践与创新能力的培养，满足行业对高素质应用型人才的需求。通过设置与实际工作场景相关的考核项目，激发学生的创新意识和解决实际问题的能力，为他们未来的职业发展打下坚实的基础。

四、营造应用型人才培养的教育环境

为了培养出更多具备实际应用能力的人才，高校和教育机构必须从多个方面入手，共同营造一个有利于应用型人才培养的教育环境。

（一）课程设置应更加注重实践性和应用性

传统的理论课程固然重要，但必须与实际操作相结合，才能使学生真正掌握知识。因此，高校应增加实验、实训、实习等环节，让学生在实际操作中学习和应用知识。通过这些实践活动，学生不仅能够更好地理解理论知识，还能培养解决实际问题的能力。课程内容应紧跟行业发展的最新趋势，确保学生所学知识与市场需求相匹配。高校应密切关注行业动态，及时更新课程内容，引入前沿技术和方法，使学生在毕业后能够迅速适应职场环境，具备竞争力。高校还应加强与企业的合作，建立校企合作机制，为学生提供更多实习机会，使他们能够在真实的工作环境中积累经验，提高就业竞争力。

（二）加强校企合作，建立产学研一体化的教育模式

通过与企业的紧密合作，高等教育机构能够深入了解企业对专业人才的具体需求，进而有针对性地优化教学内容和教学方法。这种合作模式使教育机构能够及时调整课程设置，确保教学内容与时俱进，满足企业对人才的实际需求。同时，企业能够参与课程规划、实习安排以及项目指导等关键环节，为学生带来贴近实际职场的体验。企业专家可以将最新的行业动态和实际工作经验带入课堂，使学生在学习过程中就能接触到真实的工作场景和挑战。

校企合作模式为学生开辟了更广阔的就业渠道，促进了教育与就业市场的无缝衔接。通过实习、项目合作等方式，学生能够在学习期间积累宝贵的工作经验，提高自身的就业竞争力。企业也可以通过这种方式提前发现和培养潜在的优秀人才，减少招聘成本和风险。这种合作不仅有助于学生的职业发展，还为企业的长远发展注入新鲜血液，实现双赢的局面。

（三）注重培养学生的创新能力和团队合作精神

应用型人才不仅要有扎实的专业知识，还要具备解决实际问题的能力。因此，高校应鼓励学生参与科研项目、创新竞赛等活动，培养他们的创新思维和实践能力。

（四）加强师资队伍建设，提高教师的实践教学能力

教师是教育质量的关键，只有具备丰富实践经验的教师，才能更好地指导学生。因此，高校应引进具有实际工作经验的教师，同时鼓励现有教师参与企业实践、进修培训等活动，不断提升自身的实践教学能力。营造一个有利于应用型人才培养的教育环境，需要高校、企业和社会各界的共同努力。

第三节　应用型人才培养模式

和普通高校相比，高职院校在培养应用型人才方面具有天然的优势，这也是他们的教学重点。本节重点研究应用型人才的培养模式，并以陶瓷设计专业为例进行具体分析。

一、应用型人才培养模式的构建

（一）校企合作，深化产教融合

高职院校在应用型人才培养过程中，校企合作是关键环节。通过与企业建立紧密的合作关系，学校可以更好地了解行业需求，调整课程设置，使学生在校期间就能接触到实际工作环境，这是培养学生应用能力不可或缺的一步。与此同时，由于校企合作机制下，企业可以参与课程的设计，给教学环节带来更具现实意义的教学内容，并提供一定的实习岗位，甚至在某些项目环节校企还可以共同开发实训项目，从而确保学生具备了扎实的实践能力，这对于他们毕业后能够迅速适应岗位需求具有决定性的影响。

（二）课程体系优化，强化实践教学

课程体系的优化在提升应用型人才培养质量方面发挥着至关重要的作用。为了实现这一目标，高职院校应当特别注重将理论知识与实践操作相结合，确保学生能够在实际工作中运用所学知识。为此，学校需要增加实验、实训和实习等环节的比重，使学生有更多机会接触实际工作环境。

通过模拟真实工作场景的实训项目，学生可以将课堂上学到的理论知识应用于解决实际问题的过程中。这种实践操作不仅能够提高学生的动手能力，还能增强他们解决实际问题的能力。甚至，通过参与企业的生产实践，能够部分地修正学生原来对理论知识理解的偏差和不足。例如，在陶瓷设计专业中，学生可以通过参与标准化的设计流程，以及规模化的生产销售，从而掌握更具实际操作性的具体技术，也意识到在未来的工作中，如何提升自己的工作效率以满足企业的需求。

通过与企业的紧密合作，学校可以及时了解行业需求，调整课程设置，使课程内容更加贴近实际工作需求，从而培养出更多符合市场需求的应用型人才。

（三）完善校企合作的保障制度

在新时代背景下，校企合作若要迈向优质与高效的轨道，离不开一套健全而周密的保障制度作为基石。这一制度能够确保高职院校与企业双方均能全力以赴，通过有效平衡彼此的利益，共同追求社会效益与经济效益的最大化。首要之务，是在双方秉持平等互惠、合作共赢的原则上，正式签订"人才联合培养协议"及其配套文件，以此作为双方合作的法律与道德约束，为合作关系的稳固奠定基石。

协议内容应详尽阐述高职院校与企业各自的权利、责任与义务，确保每一项条款都具备高度的可操作性和可执行性。具体而言，高职院校可考虑加大对人才培

养的投入，比如通过增加专项经费、派遣专业课实训教师深入企业一线进行实地学习与实践，以此显著提升教师的专业技能与实战经验。这一过程的顺利实施，离不开企业的积极支持与配合，企业应依据自身人才需求，为实训教师量身定制实训岗位，提供真实的职业场景与丰富的实践机会，为校企合作的深化奠定坚实基础。

在校企合作过程中，企业的评价作用至关重要。高职院校应当建立健全企业反馈机制，高度重视并积极吸纳企业提出的宝贵意见与建议。通过及时调整和优化应用型人才培养的策略与方案，确保培养出的学生更加贴近市场需求，具备更强的职业竞争力和适应能力，从而从根本上提升校企合作的人才培养质量，实现双方的互利共赢与可持续发展。

（四）构建企业定向人才培养服务体系

当前，校企合作被赋予了"精准"人才定向培养的新使命，旨在直击各行业企业高水平人才短缺的痛点。随着产业结构的不断优化升级，众多新兴企业正迫切呼唤着高素质的应用型人才加入。因此，构建一套高效、精准的定向人才培养服务新体系成为校企合作的关键所在。

首要任务是，企业需积极向高职院校敞开大门，搭建起学生通往一线生产岗位的实训桥梁。通过提供为期1～3个月的实训机会，让学生在真实的工作环境中磨砺技艺，快速适应岗位需求。此外，企业还应组织形式多样的参观实习活动，让学生亲身体验企业的文化氛围、工作环境及职业发展路径，以此增强学生对企业的认同感和归属感，为未来的就业选择打下坚实基础，从而有效缓解各行业企业优秀应用型毕业生招募难的现状。

企业作为校企合作的重要一方，应主动承担起应有的责任与角色，避免将合作的重担完全压在高职院校肩上。企业应积极参与到校内实训活动的规划与执行中来，依托定向人才培养服务新体系，派遣经验丰富的技术人员和培训师深入高职院校，为校方的实训教师提供专业指导和支持，共同设计并实施更具针对性和实效性的实训方案。特别是当前国内外陶瓷市场的发展动向，又有哪些新的生产技术、工艺问世，这些对于学校而言都是非常宝贵的教育资源。这样不仅能确保校内实训活动的高质量开展，还能促进校企双方在人才培养上的深度融合与协同创新，使人才毕业后走向社会、进入企业，直接就能对接最新的生产工艺，了解设计动向。

二、陶瓷设计专业应用型人才培养

（一）明确应用型人才培养的整体定位

深入探索与实施进一步提升高职院校应用型人才培养质量的创新路径，应深刻洞察并顺应时代脉搏的变迁。当前，全球经济一体化加速推进，科技革命日新月异，社会对人才的需求结构发生了深刻变化，高职院校作为培养高素质技术技能型人才的主阵地，其地位与作用日益凸显，它不仅承载着国家创新驱动发展战略的重任，也是满足社会经济发展对多元化、高层次人才需求的关键环节。

（1）在精准锚定应用型人才培养的航向时，学校需将实践能力置于核心地位。这意味着，课程设计需紧密对接行业前沿，教学方法需融入更多实践元素，如项目式学习、模拟实训、企业实习等，确保学生在校期间就能积累丰富的实战经验，毕业时能够迅速融入工作岗位，成为能够独当一面的技术能手。

（2）专业素质与职业化的深度融合是提升人才竞争力的关键。高职院校应紧跟行业动态，及时更新教学内容，确保学生掌握的是行业内最先进、最实用的知识与技能。同时，加强职业道德教育，培养学生的责任感、敬业精神和职业规范意识，使他们在未来的职业生涯中能够恪守职业操守，成为行业内的佼佼者。

（3）团队协作与合作精神的培养是塑造未来创新人才的重要基石。在复杂多变的工作环境中，单打独斗已难以应对挑战，团队合作成为常态。因此，高职院校需通过组织团队项目、开展协作竞赛等方式，增强学生的团队协作意识和能力，教会他们在团队中如何有效沟通、协调资源、共同解决问题，为未来的职业生涯奠定坚实的合作基础。

（4）激发并培养学生的创新意识和创新能力，是应对未来社会不确定性的重要手段。高职院校应鼓励学生敢于质疑、勇于探索，为他们提供创新实践的平台和机会，如设立创新实验室、举办创新大赛等，让学生在实践中发现问题、解决问题，并在此过程中不断锻炼和提升自身的创新能力。

（二）优化传统高职院校人才培养模式和机制

在推进高职院校应用型人才培养质量的飞跃性提升进程中，优化既有的人才培养模式和机制构成了不可或缺的核心环节。高职院校应当深化对专业课程体系的精心规划与组织，强化"理论为基，实践为翼"的教学理念，确保课程内容与行业动态及市场需求无缝对接，从而精准培育学生面向未来职业所需的各项能力与素养。

构建一套全面而高效的导师制度，是高职院校提升学生综合素质与实践能力的又一重要举措。此制度旨在为学生提供量身定制、覆盖广泛且连贯性强的指导服务，助力学生个性化成长。同时，高职院校应加大对实践教学的重视力度，通过增设实践性课程，深化产教融合、校企合作，拓宽教育资源边界与实践平台，让学生在真实或模拟的工作环境中锤炼技能，增强解决实际问题的能力。

在技术创新与研发领域，高职院校需加大科技投入，积极营造科研氛围，鼓励教师投身科研项目，并将前沿科技动态与最新研究成果融入日常教学，以此激发教学活力，提升教学质量与创新能力。此外，建立健全多元化评价体系亦是关键，该体系应全面覆盖学生的实践能力、团队协作能力、专业素养及职业道德等多个维度，确保评价结果的客观性与全面性，为人才培养质量的持续提升提供有力支撑。

（三）加强资源投入，建设创新人才培养基地

为了显著增强高职院校应用型人才的培育质量，深化资源投入并构建创新人才培养基地显得尤为关键，这不仅是推动高职教育革新、提升培养质量的核心路径之一。在资源强化策略上，高职院校需全面加大对教学设施、科研条件及实践环境的投入，旨在为学生营造一个资源丰富、形式多样的学习环境。同时，建立并优化产教融合机制，积极寻求与企业、政府等机构的合作，共筑实习实训、就业创业的多维平台，为学生铺设通往职场的坚实桥梁。

校企合作示范基地的创建是关键一步，高职院校应主动携手企业，聚焦技术转移与成果转化，共同培育既懂理论又擅实践的复合型人才。同时，拓宽国际视野，搭建国际交流平台，吸纳国际先进教育理念与技术，提升学院的全球竞争力与影响力。

教师队伍建设同样不容忽视，作为人才培养的核心力量，教师的专业素养与教学能力直接关系着学生的成长。因此，高职院校应加大对师资的培育与引进力度，不断提升教师队伍的整体水平，为学生提供更加优质的教学资源与服务。

强化资源投入与构建创新人才培养基地是高职院校提升应用型人才培养质量的必由之路。高职院校应秉持开放合作、资源整合的理念，不断拓展内外部合作网络，构建起一个多元化、立体化的创新人才培养生态系统，为国家的经济发展与社会进步输送更多高素质的应用型人才。

（四）实施产教融合，注重人才培养的质量评价

高职院校在推动教育改革与发展的进程中，应当积极拥抱产学研深度融合的战略理念，通过构建多元化、深层次的产学研联盟体系，搭建起企业、行业协会、科研机构与高职院校之间的紧密合作桥梁。这一战略举措不仅能够有效汇聚各方资源，形成优势互补、协同创新的良好生态，还能够显著促进人才培养与市场需求的精准对接，实现人才培养质量的质的飞跃。

在产学研联盟框架下，高职院校需紧密围绕行业需求与科技发展前沿，精

心设计与组织实践教学环节。这包括但不限于建设高水平的实训基地、引入企业真实项目案例、开展校企合作课程等，旨在为学生提供更加丰富、多样且贴近实际的实践机会。通过这些实践活动，学生能够深入了解行业运作模式，掌握先进技术与方法，并在实践中不断试错、反思与成长，从而培养出解决复杂问题的能力和创新能力。

与此同时，建立健全的教育质量评估体系是保障人才培养质量的关键所在。该体系应秉持公正、客观、全面的原则，从多个维度出发，全面审视学生在知识掌握、技能运用、职业素养、创新能力等方面的表现。通过采用多样化的评估方法，如定期考核、项目评价、实习反馈等，确保评估结果的全面性与准确性。更重要的是，评估结果应及时反馈给学生、家长、教师及管理层，为教学改进与人才培养方向的调整提供有力依据。

产教融合的深化应用，不仅有助于提升高职院校陶瓷专业学生服务社会的意识，还显著地提高了他们的动手能力，指导他们今后的设计工作能更加贴近陶瓷的生产，并逐渐理解市场需求。通过产教协同的深度合作，能够为学生搭建起从校园到职场的无缝对接桥梁，帮助他们尽早确立自己的职业定位，并在学习中解决实际问题。在产教融合模式下，学生能够提前接触并适应职场环境，积累宝贵的实践经验，这种经历不仅有助于他们在未来的职业生涯中快速成长，还能够为高职院校赢得良好的社会声誉与品牌影响力。

第五章
产教融合背景下高职院校人才培养实践模式

本章将深入探讨在产教融合背景下，高职院校如何通过不同的实践模式，培养适应市场需求的高素质技术技能型人才。本章分为3个部分，首先，分析以企业为主导的实践模式，这种模式强调企业在人才培养过程中的主体地位，通过校企深度合作，实现教育内容与企业需求的无缝对接。其次，探讨以学校为主导的模式，该模式侧重于学校在教育过程中的引领作用，通过优化课程设置和教学方法，培养学生的创新能力和专业技能。最后，讨论以政府为主导的模式，这种模式通过政策引导和资源配置，为产教融合提供宏观支持和保障。

第一节　以企业为主导的产教融合实践模式

一、以企业为主导的产教融合模式的特点

遵循产教融合的理念，高职院校与企业之间的合作共赢才得以实现，由此诞生了以企业为主导的产教融合模式。这一模式的核心在于将企业的实践经验整合进高职院校的课程体系，以此促进教育质量与效果的双重提升。

（一）以企业为主导的产教融合模式的优势

以企业为主导的产教融合模式具有显著的优势。企业有能力为学生提供实际操作的机会，让学生深入接触真实的业务场景，理解企业的管理和业务流程。这种实践经验对于学生理解理论知识和实际工作之间的联系至关重要。这种模式使学生能够更深入地体验企业工作环境，熟悉企业文化和行业特点，为他们未来的职业生涯奠定坚实的基础。通过亲身体验，学生可以更早地适应职场环境，明确自己的职业定位和发展目标。

企业主导的产教融合模式能够显著提升学生的就业竞争力。通过实践机会的增加，学生可以积累宝贵的工作经验，在求职时更加符合岗位需求，提高就

业成功率。企业主导的模式还有助于推动教育模式的创新，促进线下教育向线上教育的转型。这不仅能够扩大教育的覆盖范围，还能够加深企业与高职院校之间的合作，实现资源共享，优化产教融合模式，推动其向更高层次和更广领域发展。通过这种方式，产教融合模式能够更好地适应数字化时代的需求，培养出更多符合市场需求的高素质人才。

（二）以企业为主导的产教融合模式的问题

尽管以企业为主导的产教融合模式展现出强大的潜力，但在实际操作中仍面临一系列挑战。这些问题主要体现在：企业在人力、物力和精力上投入不足，导致与高职院校的合作在质量和深度上存在局限；同时，现有的考核和课程评价体系尚未完全适应产教融合的新要求。

为了克服这些问题，需要各方面的通力合作，包括制定全面的政策法规，确立科学的考核机制，以及提升产教融合模式的执行质量和效益。这需要企业、教育机构、政府以及学生等所有相关方的共同努力和积极参与。

以企业为主导的产教融合模式作为一种富有活力的教育模式，拥有广阔的发展前景。虽然目前还面临着不少挑战，但随着政府、企业、高等教育机构以及学生等各方面的共同努力，这一模式的优势和特性将得到更深层次的发掘，产教融合的教育模式也将在实践中不断得到优化和提升。通过持续改进和创新，我们期待这种模式在未来发挥更大的作用，为培养高素质的实用型人才提供坚实的支撑。

二、以企业为主导的产教融合模式的构建

（一）企业与高职院校的合作机制

企业与高职院校之间的合作机制构成了构建产教融合模式的关键基础，并且是提升高职教育品质的有效途径之一。因此，高职院校应当与企业确立长期的合作关系，制订出有序且系统的合作计划，并通过定期的沟通与评估来及时调整和完善这些计划。具体而言，高职院校可以与企业携手在教育定制、校企合作研发、人才共享、专业建设以及实习实训等多个领域展开合作。

在教育定制领域，高职院校能够与企业根据实际需求共同制订专业培养方案，提前规划培养目标和计划，以培养出具备实用技能的高素质人才，满足企业需求。同时，企业亦可提供专业知识和技术支持，为高职院校提供实战型教学资源和案例，构建起既具实践性又具权威性的教学体系。

在校企合作研发方面，高职院校与企业可以共同开展产学研一体化的创新活动，合作研发符合市场需求的新产品、新技术和新工艺。通过这种方式，双

方可以共享教育资源，在实践中提升企业的技术创新能力，同时高职院校也能解决研究中的理论与实践脱节问题。

人才共享同样是合作的关键方面。高职院校可以利用企业提供的丰富人才资源和实践场景，让学生在真实的工作环境中积累经验，提升实际操作能力。企业可通过与高职院校的合作来吸引并共享高素质人才，实现其人才共享的目标。

在实习实训方面，高职院校与企业合作将实习实训纳入课程体系，为学生提供宝贵的实践机会，帮助他们更好地了解职业规划，拓宽职业发展和就业渠道。同时，实习生的加入也为企业带来了具有新知识、新思路和创新精神的人才，为企业注入新的活力。

（二）课程设置与教学方式的改革

在产教融合模式中，课程设置和教学方式的改革显得尤为重要。传统的教学模式通常以课堂讲授为核心，教师扮演主导角色，而学生则处于被动接受知识的地位。这种单一的教学方式在一定程度上难以满足现代企业对人才培养的多元化需求，因此迫切需要进行相应的改革。

1. 教学方式的转变是改革的关键之一

在课程设置以及教学方式的改革过程中，最重要的是将教学的重心转移到学生身上，通过引导和激发学生主动探究和发现的兴趣和能力，使他们成为学习的主体。为此，可以采用多种教学形式，如课堂讲授、分组讨论、课外实践等，以丰富教学手段、提高教学效果。学生应以实践为主，通过实地调研和实验，将理论知识与实际操作紧密结合，从而更好地理解和掌握所学内容。

2. 课程设置的调整也是改革的重要方面

根据企业对人才需求的特点，我们需要对相关专业的课程设置进行深入检查和优化，调整课程内容和教学方法，确保学生所学的知识和技能能够更好地适应企业的实际需求。同时，课程内容的更新也至关重要，需要密切关注市场需求和技术进步，不断更新教材和课程资料，以确保教学内容的时效性和前瞻性。

（三）实践教学与工作实习的开展

1. 实践教学的内涵与意义

实践教学在高职教育中占据至关重要的地位，它不仅是培养学生职业技能的关键途径，更是将学生所学的理论知识与实际工作环境紧密联系起来的重要手段。与传统的理论教学不同，实践教学更加注重对学生在真实工作场景中的实践能力和创新思维的培养。通过实践教学，学生能够将抽象的理论知识转化为具体的操作技能，从而为未来的职业实践打下坚实的基础。

2. 实践教学的开展方式

在产教融合的模式下，高职院校应当积极主动地与企业建立合作关系，共同推动实践教学的深入开展。一方面，高职院校可以与企业携手合作，为学生提供丰富多样的实践机会，使学生能够在真实的工作环境中锻炼自己的技能。另一方面，高职院校还应当与企业共同开发多种实践教学模式，例如邀请企业中的专业人员到学校举办专题讲座，传授实际工作中所需的技能和经验；与企业合作开发具有针对性的实践性课程，让学生在模拟的工作环境中学习和实践；或者安排学生到企业进行教学实习，让学生在实际的工作岗位上学习和应用所学知识，从而更好地适应未来的工作环境。

3. 工作实习的开展

工作实习作为实践教学的一种重要形式，能够让学生更直观地接触和了解实际工作。在产教融合的模式下，高职院校应当积极主动地与企业合作，为学生提供充足的工作实习机会。通过工作实习，学生不仅能够将所学知识应用于实际工作，提升自己的实践能力，还能够深入了解实际工作环境，为未来的职业生涯做好准备。

4. 实践教学与工作实习的评估

为了确保实践教学和工作实习的质量和效果，高职院校需要定期对实践教学和工作实习进行评估。这种评估不仅有助于及时了解实践教学和工作实习的进展情况，还能够及时发现并纠正存在的问题。评估的结果可以为高职院校提供宝贵的反馈信息，帮助学校对实践教学和工作实习进行必要的改革和优化，从而不断提高教学质量和学生的实践能力。

三、以企业为主导的产教融合模式的效果评估

（一）教学成果的评估

在高职院校中，实施以企业为主导的产教融合模式，已经成为一种重要的教育改革方向。这种模式旨在通过企业与教育机构的紧密合作，使学生能够更好地适应未来的职业需求。然而，在这一模式下，教学成果的评估显得尤为重要，它是确保教育质量的关键环节。评估的主要目的是检验学生在专业知识和技能方面的掌握程度，以及他们在实际工作中的应用能力。

对于学生在专业知识方面的评估，传统的考试、论文和作业仍然是主要的考核方式。考试能够全面覆盖课程内容，检验学生对专业知识的整体掌握情况。然而，考试过程中如何有效防止作弊行为，成了一个亟待解决的问题。此外，论文和作业则更多地依赖于学生的自主学习和实践操作，能够更深入地反

映学生对专业知识的理解和掌握程度。

学生的实践能力是产教融合模式中的另一个重要目标。因此，评估学生实践能力的方式需要更多地关注学生的实际操作和参与的实践项目。例如，可以通过观察学生在实践中的规范操作程度、对操作细节的关注以及任务完成的效果等方面来进行评估。这些评估方式能够更直观地反映学生在实际工作中的表现和能力。

学生的团队协作能力和创新能力也是产教融合模式所要培养的重要能力。评估学生的团队协作能力可以通过课堂讨论、小组作业等方式进行，这些活动能够让学生在实际的团队合作中展示自己的协作精神和沟通能力。而评估学生的创新能力则可以通过他们在实践项目中提出的问题解决策略、解决方案的独特性和创新性以及所获得的奖项等方面来进行考核。今后，高职院校逐渐实施以企业为主导的产教融合模式，其核心目的是更好地培养学生的职业技能，使他们能够适应未来职场的需求。因此，教学成果的评估也需要更多地关注学生的实践能力、团队协作能力和创新能力等方面的综合评估。通过这样的评估，教育机构和企业可以更好地了解学生的学习成果，从而不断优化教学内容和方法，提高教育质量，为社会培养出更多具有实际工作能力和创新精神的专业人才。

（二）学生就业成果的评估

学生就业情况是衡量高职院校产教融合模式成功与否的关键指标之一，同时也是评估产教融合实践成效的重要标准之一。通过对学生就业成果的全面评估，我们可以了解到高职院校在教育质量、教育教学体系以及教育教学模式等方面存在的问题。此外，评估结果还能反映出企业在人才培养方面的角色和作用，以及企业与高职院校合作的实际效果。

为了全面评估学生就业成果，需要对学生就业情况进行详尽的收集和深入的分析。这包括但不限于就业率、就业薪资以及就业岗位等关键数据的收集。同时，我们还需要对学生就业情况进行细致的调查，涵盖就业渠道、就业难度以及就业前景等多个维度的问题。通过综合考量这些数据和调查结果，我们可以得出一个客观且全面的学生就业情况评估结果。

在产教融合的实践中，企业作为主导方，扮演着至关重要的角色。企业不仅能够提供真实的生产环境，让学生在实际工作中锻炼和提升自己的能力，还能帮助学生搭建就业平台，提供更多的就业机会。在企业与高职院校的合作过程中，学生的培养模式更加贴合企业实际需求，从而更好地满足企业的用人标准。因此，企业与高职院校的合作对于提升学生的就业成果具有显著的促进作用。

高职院校产教融合模式的实践目标之一是帮助学生更好地融入企业，并在就业市场上取得优异的成绩。通过对学生就业情况的全面评估，我们不仅能够评价高职院校的教育质量，还能评估企业在人才培养方面的贡献。同时，企业与高职院校的合作对于学生的就业成果具有积极的推动作用，实现了教育与产业的良性互动，促进了教育产业的持续发展。

（三）企业与高职院校的合作效果评估

在产教融合模式的实践中，企业与高职院校之间的合作效果是至关重要的评估指标之一。通过全面评估企业与高职院校在合作过程中实现的各方面效果，我们不仅能够对产教融合模式的实施效果进行客观的评价，还能够深入发掘产教融合模式中存在的问题，并采取相应的措施进行改进和优化。

一方面，企业与高职院校的合作能够带来显著的经济效益。在产教融合模式的实践过程中，企业为高职院校提供了实践场地、教学实习机会、毕业设计等宝贵资源。这些资源的提供，使得高职院校的学生能够在真实的工作环境中进行学习和实践，从而更好地掌握专业知识和技能。与此同时，高职院校则为企业培养了大量具有专业技术背景的人才，这些人才的加入，为企业的发展注入了新的活力，提供了有力的支持。因此，我们可以通过收集企业与高职院校在过去一段时间内的合作数据，包括经济效益指标等，进行科学的分析和比较，从而合理地评估企业与高职院校的合作效果。

另一方面，企业与高职院校的合作还能够促进教育教学质量的显著提高。在实践中，企业为学生提供了宝贵的实践机会，使学生能够更好地理解和掌握专业技能和知识，并将其应用于实际工作中。同时，高职院校也为企业提供了人才培养服务，根据市场需求，为企业量身定制人才培养方案和教学资源。这种互动合作，不仅有助于学生将理论知识与实践相结合，还能够使企业获得符合其发展需求的高素质人才。因此，我们可以从教学质量提高的角度对企业与高职院校的合作效果进行评估。

企业与高职院校的合作是产教融合模式中的关键环节，对于评估产教融合模式的实践效果具有至关重要的意义。在评估企业与高职院校的合作效果时，我们可以结合具体的实践情况，分别从经济效益和教学质量两个方面进行综合评估。通过这种多维度的评估方法，我们能够更全面地了解合作的效果，发现并解决存在的问题，不断优化产教融合模式的实践效果，从而推动产教融合模式的持续发展和进步。

（四）社会影响评估

社会影响评估在高职院校产教融合实践中的重要性不容忽视，它是衡量产教融合实践模式成功与否的关键指标之一。产教融合实践模式的核心目标在于使高职院校的教学内容和方法更加贴近实际工作环境，从而培养学生具备适应企业需求的实际操作能力和综合素质。通过这种方式，不仅能够提升学生的就业竞争力，还能为企业和社会带来实实在在的利益。

在进行社会影响评估时，我们主要关注产教融合实践模式对所在地区乃至整个社会所产生的积极效应。这一评估过程着重考察高职院校与企业之间的合作关系是否得到了加强，以及这种合作关系是否有效地促进了产学研的紧密结合。通过产教融合实践模式的实施，高职院校与企业之间建立了更为紧密的联系，这种联系不仅有助于推动当地经济的发展，还能提升企业的核心竞争力和技术水平。

进一步来说，产教融合实践模式的实施能够使高职院校充分发挥其教育优势，与企业共同制订和实施各种人才培养计划，以满足企业对技术人员的培养需求。这种模式不仅有助于提高学生的实践技能和综合素质，还能增强社会对高职教育的认可度和接受度，从而为社会培养出更多符合市场需求的高素质技术技能型人才。

简而言之，社会影响评估作为产教融合实践模式中的一个关键评估维度，其重要性不言而喻。只有在产教融合实践模式的推行过程中，充分发挥高职院校的教育优势，紧密结合企业的实际需求，才能最大化地实现社会影响，为社会培养出更多有用之才，推动社会经济的持续健康发展。

四、以企业为主导的产教融合模式的未来展望

（一）教师与企业合作的机制优化

教师与企业之间的合作是产教融合模式的核心要素之一，在实际操作过程中，必须深入思考如何优化合作机制，以期达到更佳的合作效果。

（1）构建一个有效的信息共享渠道是教师与企业合作的基础。教师需要充分了解企业的需求，而企业也应当对教师的需求有所了解，只有这样，双方才能真正实现资源的共享，为产教融合奠定坚实的基础。

（2）教师与企业之间应当建立一个双向选择机制，这意味着双方都可以自由地选择合作的内容和形式。通过这种方式，教师和企业都能享有更大的自主权，同时能够更好地发挥各自的优势，从而实现更高效的合作成果。

（3）为了促进教师与企业之间的交流，应当创造一个有利于合作的环境，例如定期举行交流沟通会议、开展线下合作交流活动等。这样可以使双方更加深入地了解彼此的需求和资源，打破信息壁垒，实现合作共赢的局面。

（二）学生实践教学的创新

在高职院校产教融合的实践中，学生实践教学被看作一项至关重要的内容。这不仅是因为它能够有效地培养学生的实践能力，更是因为它是推进产教融合的核心任务之一。针对学生实践教学，高职院校应当在教学内容、教学方法、教学管理等多个方面进行创新和改革。

（1）在教学内容方面，高职院校需要根据学生的兴趣爱好、专业特点等因素进行因材施教，科学设置实践教学课程。实践教学课程应当紧密结合产业需求，能够满足企业对于人才的需求，从而提高学生的专业技能。此外，高职院校还应当注重实践教学课程的实践性和操作性。课程设置应当注重实用性，让学生能够在实践中更好地掌握专业技能。例如，可以设置一些与实际工作环境紧密相关的课程，如模拟企业项目、实际操作演练等，让学生在真实的环境中学习和成长。

（2）在教学方法方面，高职院校需要采用灵活多样的教学方法，结合实践情况精心设计教学方案。可以采用项目驱动、团队合作等方法，培养学生的实践能力和团队合作能力。同时，引入信息技术、网络技术等先进手段，提高实践教学的效率和质量。在教学过程中，高职院校应当注重引导学生自主学习和合作学习，让学生在实践中掌握知识、提高能力。例如，可以利用在线平台进行远程教学，让学生在虚拟环境中进行模拟操作，或者通过团队项目的方式，让学生在合作中学习和成长。

（3）在教学管理方面，高职院校需要完善相关管理机制，健全学生实践教学的各项制度。应当建立健全实践教学管理体系，有针对性地制定和完善实践教学规章制度，落实教学质量监督和安全保障措施，确保学生的实践活动得以顺利进行。同时，还需与企业合作推进实践教学，将企业资源与学校优势相结合，为学生提供更加优质的实践条件和机会。例如，可以与企业合作建立实习基地，让学生在真实的工作环境中进行实习，或者邀请企业专家来校举办讲座和指导，让学生了解行业动态和实际需求。

（三）高职院校产教融合模式的拓展与推广

随着社会的不断进步和经济环境的持续演变，产教融合的重要性日益凸显。为了更有效地推进产教融合，需要进一步加大对这种模式的拓展和推广力度。比如，要积极寻求与更多企业的合作机会，通过建立广泛的合作关系，拓宽产教双方的合作领域，从而推动产教融合模式向更深层次的合作发展。或者，可以加强与地方政府的沟通与合作，争取政府的资金支持和政策扶持，以促进产教融合模式在地方的深入发展。另外，积极探索将线上教学与线下教学相结合的教学模式，为产教融合注入更多的创新元素，从而提高教学效果和学生的学习体验。通过举办产教融合相关的学术研讨、论坛和交流活动，加大对该模式的认知和推广力度。这种方式不仅可以提高产教融合的知名度，还可以增加该模式的影响力，为推动产教融合的发展提供更为广泛的支持和资源。这些活动可以促进产教双方的交流与合作，共同探讨产教融合的最佳实践和未来发展方向。

在推进产教融合模式的拓展和推广过程中，需要注意加强与企业、政府以及其他相关机构的沟通交流，建立长期稳定的合作机制，以实现合作共赢、双赢的目标。同时，还需要不断探索创新的教学方式和方法，逐步提高产教融合模式的质量和效率。只有在加强实践的基础上不断创新，才能更好地发挥产教融合模式的积极作用，为社会培养出更多符合市场需求的高素质人才。

（四）高职院校产教融合的发展趋势与前景展望

在当前的经济形势下，高职院校产教融合的实践模式将会持续发展。未来，随着经济的不断进步和产业的升级，高技能人才的需求将会逐渐增加，企业对高素质人才的需求将会更加迫切。因此，高职院校应该深入挖掘企业的需求，不断优化产教融合模式，加快培养适应时代需求的高素质人才。

1. 高职院校需要加强与企业的合作

未来，高职院校应该更多地开展技术转移与产业研发方面的合作，以实现教学资源的优化配置和整合。同时，学校还应该不断提升教师的实践技能，以更好地适应实践需求。通过与企业的紧密合作，学校可以更好地了解企业的需求，从而有针对性地调整教学内容和方法，提高学生的实践能力和就业竞争力。

2. 高职院校应该加强教育与产业的融合

通过为企业培养适应时代和市场需求的高素质人才，加强教育与产业的联系，不仅有助于解决企业人才需求的问题，还能有效提升高职院校的教学效果，推动学校理论实践融合的深入发展。通过产教融合，高职院校可以更好地将理论知识与实际操作相结合，提高学生的综合素质和创新能力。

3. 高职院校需要不断提高产教融合模式的实效性和可持续性

高职院校应注重教学体系的建设，加强课程体系的调整和更新，确保教学内容与企业的需求相适应。同时，高职院校还应加强与地方政府以及企业的合作，争取更多的政策支持和资源投入，促进产教融合模式的长期稳定发展。通过与政府和企业的合作，高职院校可以获得更多的支持和资源，为学生提供更好的学习环境和实践机会。

第二节　以学校为主导的产教融合实践模式

在高等职业技术教育领域，以学校为主导的产教融合模式展现出了显著的优势。在这种模式中，高职院校扮演着核心角色，它们依据社会的实际需求，运用自身的教育、研究以及资源优势，积极地推进产学研一体化的合作。通过与政府及产业界的紧密合作，学校能够深入理解行业的发展动向，并充分利用其资源和优势，为产业发展提供有力支持。在这种模式下，学校的教学职责并不会被企业所取代，而是与企业需求相结合，形成了一种互动的人才培养机制。

一、高职院校产教融合模式中的教学改革

（一）课程设置与教学模式变革

在高职院校的产教融合模式中，课程设置和教学模式的变革显得尤为重要。在现实生产中，企业的需求是不断变化的，为了更好地培养符合市场需求的高素质专业人才，高职院校的教学模式必须与时俱进，随着产业变革和市场需求的更新，逐步对教学模式进行升级和调整。

（1）高职院校要重视学科的前瞻性布局，掌握社会基于某项技术或产品的需求发展趋势和方向，从而更精准地制订课程设置计划。以某校为例，针对当下大数据技术的火热发展，开设了包括大数据基础、数据挖掘、数据分析等实用性课程；对于人工智能、智能制造等方向，也开设相关课程，努力培养高素质、创新型的优秀人才。此外，学校还密切关注新兴技术的发展，如云计算、物联网等，及时更新课程内容，以确保学生能够掌握最新的技术知识和技能。

（2）高职院校要注意教学模式的变革，即从单向传授式教学向探究式、实践式教学转型。例如，采用线上线下结合的方式进行教学，引入虚拟仿真实验培训、工情工段遥控实训、企业家庭作业等方式，不断增强学生的实践和操作能力，让学生在"做中学、学中做"中得到更为有效的培养和锻炼。此外，学校还鼓励学生参与各种项目和竞赛，通过实际操作和团队合作，提高解决实际问题的能力。

（3）在课程设置和教学模式的变革过程中，小组合作、案例分析等教学方式的应用也逐渐成为高职院校教学的重要组成部分。这种教学形式可以激发学生兴趣，培养学生的创新精神、协作精神及实践能力，同时也有利于学生在学习中互相交流和分享彼此的专业知识，从而获得更加丰富的知识和经验。通过这种方式，学生不仅能够更好地理解和掌握理论知识，还能够提高自己的沟通

能力和团队协作能力。

高职院校课程设置和教学模式的变革是一个不断完善和发展的过程，这需要全体师生的共同努力和不断尝试，从而让高职院校真正实现以学校为主导的产教融合模式。通过不断更新课程内容和教学方法，高职院校能够更好地适应社会和产业的发展需求，培养出更多高素质的专业人才，为社会和经济的发展做出更大的贡献。

（二）师资队伍建设与教师教学能力提升

在高职院校产教融合模式的实施过程中，师资队伍的建设以及教师教学能力的提升是至关重要的两个方面，不容忽视。随着教育质量的不断提升，学生对所学知识的认真评价变得越来越关键。因此，高职院校必须建立一支具备教育专业知识、丰富科研经验以及实践经验的师资队伍，以确保学生的学习效果和教育质量。教师教学能力的提升，也是这个过程中不可忽视的一个关键点。

加强对教师的培训，也是不断提升教师技能水平的另一个有效途径。课程研发与教学创新应是工作的重点之一。针对不同层次学生的实际情况，设计符合自身特点的教学课程，以期达到更好的教学效果。例如，针对不同程度的学生设计不同难度的课程，或通过电子黑板、模拟实验等多种教学手段，加强实践教学与理论教学相结合，全面提升教学质量。

高职院校应该注重与企业接轨、深化合作，持续优化培训机制，灵活开设短期、中期和长期教师培训班或学生暑期实践项目等，不断提升教师的能力。教师不仅要具备过硬的学术背景，还要学习各类企业的运作模式，使自身能力在产教融合模式实行中得到进一步提高。只有不断地提升教师教学能力，加强师资队伍建设，真正让"产教融合"建设落到实处，才能为培养高质量人才打下坚实的基础。因此，高职院校在推进产教融合模式过程中，必须把师资队伍建设与教师教学能力提升作为工作的重心，不断探索适合自身发展的模式与路径，加强与企业合作，共同推动产教融合模式不断升级与完善。这样才能确保教育质量的持续提升，满足社会对高素质技能型人才的需求。

（三）学生实践教学环节的改进与创新

学生实践教学环节在高职院校产教融合模式中扮演着至关重要的角色。特别是在实习、实训以及毕业实践等关键环节中，学生有机会将他们在课堂上学到的理论知识应用到实际操作中，接触到真实行业现场的丰富信息。这不仅有助于他们更深刻地理解和掌握专业技能，还能显著提升他们的就业竞争力。因此，如何改进和创新学生实践教学环节，已经成为高职院校在深化产教融合模式过程中不断探索和努力的重要方向。

学校应当积极主动探索和优化实践教学方案，构建与当前行业需求和市场趋势相适应的实践教学内容和形式。这需要学校与企业之间进行深入合作，以便更好地了解行业的发展趋势和企业的实际需求。基于这些信息，学校可以制订切实可行的实践教学计划，并设计符合实际需求的实践教学课程。在实践环节中，学校应鼓励学生积极参与，减少教师的单向讲解，利用互联网和现代科技手段，让学生自主学习和探究，避免传统的"教师带路"和"模拟实践"模式。

加强实践教学场所的建设、提升实践教学设备和条件至关重要。学生实习和实训的场所必须与企业实际生产环节相匹配，确保学生能够真正接触到底层的工作和技术操作，从而深入了解企业生产流程和技术要求。同时，学校应不断优化实践教学设备和条件，提高实践教学的效果和安全性，确保学生能够真正实现所学知识与实践应用的有机结合。此外，学校还应建立完善的实践教学管理体系，确保实践教学环节的顺利进行和高效运作。

学校应鼓励学生从实践中获取更多的经验和技能，增强他们的实践能力和创新意识。学校可以通过组织各类实践活动、举办创新创业大赛、设立实践教学先进个人奖等活动，激发学生主动参与创新实践的积极性和自觉性。同时，学校还可以通过与企业合作，为学生提供更多的实践机会和平台，鼓励他们参加实习、商业竞赛、科技创新等活动，从而提高他们的就业竞争力和创新能力。

二、高职院校产教融合模式中的企业合作

（一）企业参与产学研合作的模式与机制

高职院校产教融合模式的成功实施，其中一个关键因素是企业的积极参与。企业参与产学研合作的模式与机制是确保成功实施高职院校产教融合模式的基础。在企业参与产学研合作的模式上，主要分为多种形式，如产学共建、联合研究开发、股权投资等。其中，产学共建是一种常见的模式，具体可以通过资金出资、设备投资、技术支持、项目研发等方式实施。这种模式不仅可以使企业在技术领域得到新的突破，同时也可以让教育机构更好地了解产业需求，产学合作的互补优势得到了更好的发挥。

企业参与产学研合作的机制也是多样的。企业可以通过多种途径加入与高校的合作项目。例如，开展创新实践基地项目、设立科技奖项、设立科技研究中心等。通过上述机制，企业可以帮助高职院校师生更好地理解市场需求，明确未来职业规划和行业趋势，真正实现产、学、研三方合作的共赢局面。

　　企业还可以通过提供实习岗位、参与课程设计、举办讲座和研讨会等方式，进一步加强与高职院校的合作。这些合作方式不仅有助于学生获得实际工作经验，还能使教师更好地了解行业动态，从而改进教学内容和方法。同时，企业还可以通过与高职院校共同开发培训课程，提升员工的专业技能，实现企业内部人才的培养和提升。大量的实践表明，企业积极参与产学研合作，不仅有助于高职院校产教融合模式的成功实施，还能促进企业自身的发展。通过多种合作模式和机制，企业与高职院校可以实现资源共享、优势互补，共同推动教育与产业的深度融合，为社会培养出更多高素质的技术技能型人才。

（二）企业与高职院校的合作实践

　　企业与高职院校之间的合作实践在产教融合模式中扮演着至关重要的角色。这种合作模式要求企业与高职院校紧密协作，共同分享彼此的资源，并携手探讨各种解决方案，以期达到双方共赢的局面。通常情况下，这种合作会以具体的合作项目为载体，而项目的核心在于明确合作的方式和实施的方案。

　　在确定合作项目时，必须从多个角度进行综合考量，包括双方的资源状况、实际需求以及各自的利益点。这样才能确定出具体而明确的项目内容和关键因素。一旦项目确定下来，接下来就需要制订出一套详尽的实施方案，并对实施过程进行严格的控制，以确保项目能够顺利推进，达到预期的目标。

　　企业与高职院校之间的合作必须建立在平等和互利的基础之上。在谈判过程中，双方应保持心态上的平衡，充分尊重对方的意见和需求。企业应当特别关注高职院校的教学特点和教学资源，与高职院校携手进行课程设置和教学计划的制订。而高职院校则需要充分考虑企业的需求，为企业量身定制培训课程和人才培养方案，以最大限度满足企业的实际需求。

　　在合作实践中，信息共享是一个极其重要的环节。企业应当积极向高职院校提供行业内的最新发展趋势和新兴技术，以帮助高职院校更新教学内容，提升教学质量。同时，高职院校也应当主动向企业反馈课程和教学资源的相关信息，促进双方之间的信息共享与合作。

　　当然，在合作过程中，企业与高职院校难免会遇到各种问题，例如时间节点的不协调、合作目标的不一致、资源分配的不恰当等。面对这些问题，双方应当积极寻求解决方案，保持沟通渠道的畅通，加强协作，以维持合作氛围的积极性，并最大化合作效果。企业与高职院校的合作实践是产教融合模式中不可或缺的一环。通过这种平等互利的合作方式，双方可以充分利用彼此的优势资源，共同探索产学研合作的最佳模式与机制，从而推动高职院校与企业的深度融合和发展，实现双方的共同进步和繁荣。

（三）企业对高职院校产教融合模式的评价与贡献

在高职院校产教融合的模式中，企业不仅扮演着产学研合作的一方角色，更是高职院校所依赖的重要支撑力量。通过企业的积极参与和广泛介入，高职院校能够更加深入地理解企业的需求，洞察未来行业的发展趋势，从而将实践经验和理论知识相结合，更有效地培养出符合企业需求的高素质人才。因此，企业对高职院校产教融合模式的评价和贡献显得尤为重要。

企业对高职院校产教融合模式的积极肯定与大力支持，极大地促进了学校与企业之间的深度合作。在实际合作过程中，企业不仅优化了合作的形式，还拓展了合作的领域，提升了合作的水平。同时，企业也逐渐认识到与高职院校合作能够实现双方的"双赢"局面，并将这种合作视为长期的战略合作伙伴关系，从而加大了对高职院校产教融合模式的支持力度和参与程度。

企业在高职院校的教学工作和人才培养过程中，展现了其独特的优势。在教学方面，企业为高职院校提供了真实、前沿的案例和实践经验，这不仅加快了教学内容的更新和完善，还使学生能够接触到行业最前沿的知识和技术。在人才培养方面，企业通过为学生提供实践培训和专业认证，确保了教学与实践的紧密结合，从而显著提高了毕业生的就业竞争力和发展潜力。

通过双方的紧密合作，不仅促进了教学与实践的有机结合，还共同推动了高职院校人才培养质量的提升。

（四）企业合作过程中的问题及解决方案

在高职院校产教融合模式中，企业扮演着至关重要的角色。然而，在与企业合作的过程中，可能会遇到各种各样的问题，这些问题若不及时解决，将会影响合作的顺利进行。

1. 企业合作模式的选择至关重要

不同的企业具有不同的特点和需求，因此需要选择适合企业发展的合作模式。例如，对于那些专业性强、技术含量高的企业，可以采用联合研发的合作模式，以实现"研发共享，利益共享"的目标；而对于规模较小的企业，则可以采用培训与实习相结合的合作模式，通过与高职院校的合作，提升员工的技能水平。在选择合作模式时，需要充分考虑企业自身的特点和需求，以及与高职院校的合作目标和核心竞争力。

2. 关于信息沟通不畅的问题

双方的背景、理解和期望值不同导致了合作过程中的信息沟通出现误差或偏差。为了解决这个问题，应该在合作开始前确定沟通方式和频率，并指定沟通双方的责任人，以建立起有效的通信机制，及时解决信息沟通问题。

3. 合作过程中存在的风险和挑战

企业合作中的风险主要来自市场和技术，例如技术瓶颈、新技术的不成熟以及市场反响的不确定性。为了应对这些风险，需要制订"风险管理计划"，预测可能的风险并采取相应的措施加以应对。

4. 需要注重知识产权的保护

在合作过程中产生的各种技术信息、专利和商标等都需要受到保护。因此，需要建立完善的知识产权管理制度，加强知识产权保护，防止知识产权的侵权和滥用，进一步促进合作关系的健康发展。

三、高职院校产教融合模式中的学生就业

（一）产教融合模式对学生就业能力的提升

在当前的高职院校教育体系中，以学校为主导的产教融合模式已经逐渐成为一种备受关注和广泛采用的教育策略。这种模式的核心在于学校与企业之间的深度合作，通过将企业的实际需求与学校的教学内容紧密结合，确保学生在校期间能够更好地掌握所学知识，并且有机会提前接触和适应实际的工作场景。这样一来，学生在毕业时已经具备了较高的就业能力，能够更快地融入职场环境。

产教融合模式的实施有效地实现了高职院校教学内容与企业实际需求之间的有机结合。学校通过与企业的紧密合作，能够深入了解企业对人才的具体要求和所需掌握的技能，并将这些要求纳入教学计划之中。在教学过程中，学校将岗位技能要求融入课程内容，使学生在校期间就能够逐步掌握这些技能。与此同时，企业也能够为学生提供真实的实践背景，帮助他们更好地适应企业的工作环境和要求。

这种产教融合模式的实施，对于学生的就业能力提升具有极其重要的意义。由于教学与实践相结合，学生在校内便开始了解企业的工作场景，掌握了实际的技能和经验。在实践过程中，学生能够不断优化自己的技能，提高解决问题的能力，从而显著提升了他们的就业能力。这种模式不仅使学生在校期间积累了宝贵的工作经验，还为他们毕业后顺利就业创造了更多机会，使他们能够更快地适应职场，实现个人职业发展的目标。

（二）企业合作与学生实习就业

高职院校的产教融合模式，其核心目标在于将学校与企业的教学、科研、科技服务以及人才培养等多方面的资源进行深度整合。这种模式的实施，旨在为学生提供更加优质的教育资源、实践机会以及就业服务，从而全面提升学生

的综合素质和就业竞争力。企业合作在此过程中扮演着至关重要的角色，它不仅能够促进学生就业能力的提升，还能为学生提供更加贴近实际的就业实践和实习机会。

（1）与企业合作可以为学生提供更加贴近实际的就业实践和实习机会。通过这种合作，学生在校期间就能接触到真实的工作环境，体验企业文化和实际生产环节中的流程和要求。这种实际操作的体验，能够让学生将理论知识运用到实际生产中，为他们未来的职业发展做好充足准备。同时，企业合作也为学校提供了更多的就业信息来源，使学校更加了解市场企业对于就业人才的需求，从而更好地调整教学计划和课程设置。

（2）通过与企业的合作，学校可以更好地帮助学生解决具体的就业问题。学校可以邀请企业人士来校对学生进行就业指导，提供具体的职位推荐、面试技巧等方面的指导和帮助。此外，学校还可以在实习结束后，通过与企业合作推荐优秀实习生，为他们提供更多就业机会。这种合作模式不仅能够帮助学生更快地找到合适的工作，还能提高他们的就业质量。

（3）企业合作还有助于学生实习就业质量的提升。企业可以通过与学校的合作，提供丰富的实习机会，招聘质量更高的人才。同时，企业还可以帮助学校提高实习教学的质量和深度，使学生在实习过程中能够获得更加专业和系统的培训。此外，学校可以与企业合作制订实践教学计划，将学生的实践能力和岗位要求相对应，使学生具有更加专业的岗位技能和更强的就业竞争力。

（三）高职院校产教融合模式对学生就业质量的影响

高职院校产教融合模式作为一种新型的校外实践教育模式，对于提升学生的实践能力和专业技能具有极其重要的意义。这种模式不仅能够显著提高学生的就业质量，而且在多个方面发挥着关键作用，具体可体现在以下几个方面。

（1）高职院校的产教融合模式能够有效帮助学生更好地适应职业发展的需求。通过与企业的紧密合作，学生能够深入了解企业的真实需求和发展趋势，这为他们进行个人职业规划提供了重要的参考和借鉴。这种模式有助于学生更加顺利地进入职场，并且能够更好地适应职业发展的各种要求。

（2）产教融合模式在提高学生职业素养方面也具有显著的优势。在真实的产业环境中，学生有机会与各类专业人士进行广泛的接触和深入的交流，从而相互学习、互相影响。这种互动不仅有助于学生提高职业素养，还能让他们在实践中得到更多的锻炼和实践机会，从而具备更全面和深层次的技能和能力。

（3）高职院校的产教融合模式对于学生的就业形象和职业认知也有着极大的促进作用。通过与企业的合作，学生能够更加清晰地了解个人的职业定位和职业要求，逐渐形成自己的就业意识和职业素养。这不仅有助于他们在面试和求职过程中展现出更多的优势，还能帮助他们在未来的职业生涯中更好地定位自己。

（4）高职院校产教融合模式还能够显著提高学生的竞争力，使其在激烈的职场竞争中脱颖而出。通过对实际产业的了解和接触，学生不仅能够更好地了解就业市场的现状和趋势，还能通过实践学习到更加实用和应用性强的职业技能，从而提高自身的职业竞争力。

四、以学校为主导的产教融合模式的实践探索

在高职院校的教育体系中，学校主导的产教融合模式发挥着核心作用，其目标是实现教育内容与产业需求的无缝对接，通过将学术教学与实际工作紧密结合，为学生提供富有实用性和目标导向的教育与培训。这种模式已被证明能够显著提升教育的质量和学生的就业能力，是促进高职教育创新发展的重要途径。

为了深入实施学校主导的产教融合模式，高职院校需要在实践探索中与各行业、企业、政府等多方建立并深化合作关系。通过开展产业实习、技能培训、科技创新等活动，构建起更为广阔的校企合作平台，促进产教融合向纵深发展。

（1）高职院校需要确立正确的合作理念，将企业视为高职教育不可或缺的合作伙伴。这意味着要充分利用企业的资源和技术优势，同时发挥院校的专业和培训能力，共同探索与院校特色相匹配的产教融合模式。

（2）高职院校需要加强师资队伍建设，提升教师的专业素养和教学技能，为产教融合提供坚实的支撑。教师团队不仅要具备扎实的学科知识和丰富的实践经验，还应具有前瞻性思维和创新精神，以适应产业的快速发展和人才培养的高标准要求。

（3）高职院校还应加强与企业的沟通与协作，定期举办交流活动、座谈会、研修班等，深入了解企业对人才的具体需求和技能要求，及时调整教学内容和方法，确保教育与实际应用紧密对接。在课程设置上，高职院校应根据行业发展趋势和企业需求，不断更新和优化课程体系，加强实践教学环节，提高学生的职业技能和创新能力。同时，院校还应注重培养学生的职业素养和团队合作精神，以满足企业对高素质人才的需求。在评价机制上，高职院校应建立科学、合理的产教融合评价体系，对学生的学习成果、职业技能和就业质量进行全面评价，及时反馈评价结果，不断调整和改进教育教学工作。

五、以学校为主导的产教融合模式的实施效果评估

对以学校为主导的产教融合模式的实践效果进行评估，是一项关键工作。

通过分析现有的研究数据，可以为产教融合的深化提供有力的参考和指导。大量的评估结果显示，在以学校为主导的产教融合模式下，学生的实习和实践能力得到了显著增强。通过对学生参与实践的情况进行问卷调查，我们发现学生在校内实践、校外实习以及课程设计等多个方面得到了全面的锻炼和提升。学生普遍反映，通过实践活动所掌握的技能和知识，为他们的职业发展奠定了坚实的基础。

产教融合模式为高职院校与企业之间的合作开辟了更多机会和可能。学校通过与企业的深度合作，能够更准确地把握企业需求和行业发展趋势，从而将学生的专业训练与企业实际需求紧密结合。企业则可以通过产教融合模式，更有效地发现和培养高素质人才，为企业的持续发展注入新的活力。产教融合模式还为学校的高质量发展提供了有力支撑。通过与企业的紧密合作，学校能够及时了解市场动态和需求变化，制订更为科学合理的教育教学计划，为学生的专业训练提供精准指导。同时，将学生的就业与企业需求相结合，也有助于提升学校的教育品牌和学生的就业质量。

整体看来，以学校为主导的产教融合模式的实施效果是积极而显著的。这一模式不仅能够有效提升学生的实践能力，促进学校与企业的深度合作，还为学校的高质量发展提供了坚实保障。我们有理由相信，随着产教融合模式的不断探索和创新，它将在未来的教育发展中发挥越来越关键的作用，为培养适应社会发展需求的高素质技术技能型人才做出更大贡献。

六、高职院校产教融合模式的优缺点及发展方向和策略

（一）高职院校产教融合模式的优势与不足

1. 产教融合模式的优势

高职院校实施的产教融合模式展现出多方面的优势。首先，该模式显著加强了学生的实践教学环节，通过企业实践，学生能够更加直观地获得所需的知识和技能，这种经验对于他们的职业发展至关重要。其次，产教融合模式推动了学校与企业之间的紧密合作，不仅促进了技术成果的有效转化，还加速了创新的步伐，从而实现了人才培养与行业发展的紧密结合。再次，该模式通过对教学内容和课程设置的优化，更好地适应了行业和市场的需求，有效提升了毕业生的就业竞争力。最后，产教融合模式使高职院校能够更积极地融入地方经济和社会发展，不仅为地方提供了服务，还增强了地方的文化特色，具有深远的社会意义。

2. 产教融合模式的不足

尽管产教融合模式具有显著优势，但在实施过程中也存在一些不足。首

先，企业的实际需求与学校的教学特点、职业教育的目标之间可能存在矛盾，这需要通过加强理性协商、进行有效沟通和协作来解决。其次，教育与产业之间的合作需要更多的沟通和交流，以建立彼此间的尊重、理解和合作基础。最后，在推进产教融合模式的过程中，可能会遇到一些风险和挑战，这要求高职院校必须加强科学与理性的分析，采取有效措施以避免不必要的问题和损失。

为了克服这些不足，高职院校需要采取一系列措施。首先，建立校企之间的常态化沟通机制，确保双方需求和期望能够得到及时的交流和响应。其次，制定明确的合作目标和规划，确保产教融合的方向与双方的长远发展目标一致。再次，加强对产教融合过程中可能出现的风险进行评估和管理，确保合作的稳定性和可持续性。最后，鼓励和支持教师和学生参与到产教融合中，通过实践活动提升他们的专业技能和创新能力。

（二）高职院校产教融合模式的发展方向与策略

未来，高职院校的产教融合模式预期将得到进一步的发展和优化。为了满足经济社会的不断发展，高职院校必须审慎规划其发展路径，并采取相应的策略：

1. 加强与企业的深度合作

高职院校需与企业建立更为紧密的合作伙伴关系，通过校企合作项目、实习实训基地建设等多种形式，为学生提供接触行业前沿的机会。这种合作不仅能让学生获得宝贵的实践经验，也能帮助学校更好地了解行业需求，从而培养更符合市场需求的人才。

2. 注重学生实际技能的培养

针对当前和未来工作岗位的实际需求，高职院校应调整教学重点，强化学生的职业技能训练。通过案例教学、模拟操作、技能竞赛等手段，提高学生对专业知识的掌握和应用能力，确保学生毕业后能够迅速适应职场环境。

3. 重视创新创业教育的融入

创新创业能力是现代社会对人才的重要要求。高职院校应将创新创业教育纳入教学体系，通过创业指导、创新项目孵化等方式，激发学生的创新思维和创业热情，培养他们解决问题的能力和适应变化的能力。

4. 持续提升教学和学科建设

教学是高职院校的核心任务，学科建设是提升教学质量的基础。高职院校应不断更新教学内容，采用现代化教学方法和手段，同时加强学科建设，发展特色优势学科，提高教学质量和教育研究水平。

5. 建立科学的产教融合评价体系

为了确保产教融合模式的有效实施，高职院校需要建立和完善评价体系，对合作效果、教学质量、学生能力提升等方面进行全面评估，确保教育活动与产业需求紧密结合。并且，随着产教融合的深入合作，这一过程处于动态的变化中，因此，评价体系也应随之进行不断优化和完善，从而保障了评价的科学性和现实性。

6. 促进教育内容与技术的融合

随着科技的快速发展，高职院校应将最新技术融入教学内容，如人工智能、大数据、云计算等，以提高学生的技术适应能力和未来竞争力。这些技术发展日新月异，尤其人工智能技术的发展更是不断突破人类的预期，还是以陶瓷设计专业为例，由于其专业具有明显的设计属性，而人工智能在图形、图像设计方面的发展速度惊人。对于陶瓷设计专业的学生而言，应积极主动地跟进并学习相关的技术，使强大的人工智能技术为自己所用，提高未来自己的社会适应能力和职场竞争能力。

7. 加强国际合作与交流

在全球化背景下，高职院校应加强与国际教育机构的合作与交流，引入国际先进的教育理念和教学方法，拓宽学生的国际视野。对于设计相关专业的学生，拓展自己的知识见闻和国际视野，对专业能力，特别是创新能力的发展至关重要。因此，产教融合机制下，无论是学校和企业，都应重视这方面的投入，努力将最近的行业咨询和发展动态带到课堂，带来更多让学生接触国内外领先企业或先进技术的机会。

第三节　以政府为主导的产教融合实践模式

一、以政府为主导的产教融合模式的优势

政府主导的产教融合模式作为当前高职院校教育改革的关键策略，正发挥着越来越重要的作用。这种模式通过政府的积极介入和协调，有效地促进了教育与产业的深度融合，为社会经济发展培养了大量高素质技术人才。政府制定相关政策并提供资金支持，为产学研合作提供了坚实的基础。政府的政策引导能够帮助企业和高职院校建立长期稳定的合作关系，共同开发课程、共建实训基地、共同进行技术研发，这些举措极大地提升了合作的质量和效果。

在优化资源配置方面，以政府为主导的模式也具有天然优势，并成为促进教育资源均衡发展的最强推动力。政府可以根据各地区、各行业的实际需求合理分配教育资源，加强对欠发达地区和行业的支持，推动区域经济的均衡发展。通过建立产教融合的长效机制，不仅提高了高职院校服务社会的能力，也

保障了企业发展所必需的后备人才力量。政府可以通过建立产教融合的监测评估体系，定期对合作效果进行评估，确保合作的质量和效果。此外，政府还可以通过搭建产教融合的信息平台，促进校企之间的信息交流和资源共享。

政府主导的模式通过推动国际交流与合作，提升了高职院校的国际影响力。政府可以利用国际合作项目，引进国外先进的教育理念和教学方法，提升高职院校的教育水平。同时，政府还可以通过组织国际学术交流活动，提升高职院校的国际知名度。政府通过加强法治建设，有力地保障了产教融合的健康发展，促进了教育、经济及社会的有序发展。此外，政府可通过制定相关法律法规，明确各方的权利和义务，规范合作行为，保障合作的公平性和合法性。

二、以政府为主导的产教融合模式的实施

（一）政府部门的角色和职责

政府在产教融合模式中不仅是推动者，更是核心的组织者与引导者。它肩负着规划蓝图、整合资源、监督评估以及引领发展的重任。具体而言，政府的角色和职责体现在以下 4 个方面。

1. 政策引领与规划制定

政府作为国家发展的领航者，需根据国家战略与教育改革的需求，精心制定产教融合的相关政策和规划。这些政策与规划不仅明确了产教融合的指导思想、总体目标和实施路径，还为各方参与者的行为提供了规范，为产教融合的顺利实施奠定了坚实的政策基础。

2. 资源整合与协调

产教融合是一项复杂的系统工程，需要政府、高职院校与企业的紧密合作与资源共享。政府作为协调者，需充分发挥其资源整合的优势，促进各方资源的优化配置与高效利用，推动产教融合的良性互动与深入发展。

3. 监管评估与效果提升

为了确保产教融合的合法合规、优质高效，政府需加强对高职院校与企业的监督与管理。同时，建立科学的评估机制，对产教融合的实施效果进行定期评估与监测，以便及时调整政策与规划，不断提升产教融合的质量与效果。

4. 引导产教融合的高质量发展

政府还需发挥其在产教融合中的引领作用，推动产教融合向高质量、高效益、可持续的方向发展。通过政策引导与资金支持，政府鼓励产学研深度融合，促进高职院校与企业之间的深度合作与协同创新，为区域经济发展与高素质人才的培养贡献更大的力量。

（二）高职院校的责任和作用

在政府引领的产教融合体系中，高职院校扮演着核心角色。其职责和功能主要包括以下几个关键部分。

（1）高职院校需紧跟国家产业政策的步伐，调整和优化产教融合课程，完善教育培养方案，提升教育品质，培育能够满足当代产业需求的杰出人才。为此，院校应与企业建立紧密的合作关系，规划实习项目，开展多样化的产教融合实践，将理论与实践相结合，增强学生的实际操作技能。

（2）高职院校应在人才培养、课程设置和教学管理等方面，积极参与到政府的产教融合政策的制定与执行中。院校可以根据政府的政策方向和企业的需要，制定市场导向的培养计划和课程体系，同时与政府和企业共同开展专业评估，以提升教育质量。

（3）高职院校应强化对学生的职业规划指导，助力学生提升个人职业素养和专业技能。院校可以举办职业规划课程、职业素养提升培训、技能竞赛等活动，帮助学生拓宽职业视野，增强就业竞争力。

（4）高职院校应深化与企业的交流与合作，建立长期稳定的产教融合伙伴关系，实现资源的共享和优势的互补，共同促进产业的发展和人才的培养。同时，院校可以利用产教融合平台，培养创新思维和实践能力，推动学校的转型和创新型高职教育的发展。总之，高职院校在政府主导的产教融合模式中扮演着不可或缺的角色。院校应积极响应国家政策，持续推进产教融合实践，通过优化课程、提升教育品质、加强企业合作等措施，共同促进人才培养和产业进步。

（三）企业的参与和贡献

在政府主导的高职院校产教融合模式中，企业的角色和贡献至关重要。企业不仅是产业的主体，而且能够提供市场的实际需求和丰富的实践机会。这种需求和机会与高职院校的课程设置和师资培训紧密结合，以及对学生的职业素养和专业技能的培养起到了积极的推动作用。

首先，企业通过提供实习机会和实践平台，使学生能够将理论知识应用于实际工作中，从而增强其职业技能和实际操作能力。其次，企业对市场需求的敏感性和前瞻性，可以指导高职院校调整课程设置，以更好地满足市场的变化和需求。最后，企业在产教融合中的投入，不仅有助于学生的成长，也为企业自身的人才储备和可持续发展提供了支持。

为了确保企业能够更有效地参与并贡献于产教融合，政府、高职院校和企业需要在多个层面上进行合作：

（1）政府应提供强有力的政策支持，为产教融合模式的实施提供必要的法律和财政支持，并加强对实施过程的监督与协调，确保政策的有效执行。

（2）高职院校需要加强与企业的沟通和合作，通过教育和培训提高企业对高职教育的认识和信任。院校应积极探索与企业合作的新路径，以满足市场的实际需求，并提升教育质量。

（3）高职院校应建立一套明确的奖惩机制，对企业在学生实践、学术讲座、科研项目等方面的积极参与和贡献给予奖励和支持，以激励企业持续投入。

（4）考虑到不同类型企业的特点和需求，政府和高职院校应采取有针对性的政策和措施，以确保产教融合工作的顺利进行，并满足不同企业的特定需求。

以上这些措施可以促进企业更深入地参与到高职教育中，共同推动产教融合模式的发展。这不仅有助于培养更符合市场需求的高素质技术技能型人才，也为企业的长远发展提供了人才保障和智力支持。

三、以政府为主导的产教融合模式的优化和创新

（一）优化教育资源配置，提高教学质量

在政府的引领下，对高职院校产教融合模式的优化与创新至关重要，而其中优化教育资源配置、提升教学质量是核心环节。高职教育发展中存在的资源配置不均衡、师资短缺、设施陈旧等问题已成为影响教学成效的关键问题。因此，通过资源配置的优化和教学质量的提升，不仅响应了高职教育发展的内在需求，也是政府在推动产教融合模式创新中的关键使命。

首要任务是实现教育资源的均衡分配与高效运用。高职教育资源主要包括教师团队、教学设施、实训基地等。在政府的引导下，高职院校需充分利用政府的引领作用，根据教学的实际需求，制订出合理的资源配置计划，确保资源得到高效分配与充分利用。

高职院校应采纳并实践先进的教育资源共享模式，拓宽资源的应用范围和提升其效益。通过与地方政府、企业以及其他教育机构的协作，实现资源共享与互利，这不仅能增强教学效果，还能提升经济效益。例如，通过共建实验室、师资共享等措施，可以大幅提升资源的使用效率，达成资源的整合与优化。

在师资建设方面，政府主导的高职院校产教融合模式应着重于提升教师的专业素养，增强其教学经验和能力，强化教师教学技能的培育和提升，进一步优化高职教育的师资结构，以实现教育质量的全面提升。优化教育资源配置和

提升教学质量是政府主导下高职院校产教融合模式创新的重要职责。只有通过科学规划资源分配，实现资源的整合与共享，发挥政府的引领作用，加强师资培训与能力提升，才能真正迈向高质量的教育目标。

（二）创新人才培养模式，提高人才培养质量

在当前教育改革的大背景下，政府主导下的高职院校产教融合模式的创新已成为提升人才培养质量和满足社会需求的关键驱动力。创新人才培养模式是高职院校实现产教融合、提升教育质量的重要途径。

高职院校应积极采纳"先理论后实践"和"教学与实习相结合"等多元化的人才培养模式。这种模式有助于提高学生的应用能力和实践能力，以适应社会对高职教育人才培养目标的更高要求。传统的纯理论教育已难以满足社会对技能型人才的需求，因此，高职院校需要为学生提供更多的实践机会，使他们能够快速获得实际技能，提高其应用能力。

对于具有明显产业特色的高职院校，应实施与企业合作紧密相连的人才培养模式。"校企合作、工学结合"是产教融合模式的核心。高职院校在与企业合作的过程中，应根据市场需求和专业特点，定制化人才培养方案。这种模式的优势在于，学生能够更快地适应市场变化，提高其就业竞争力和职场发展潜力。

高职院校还可以开设"产学研结合类"课程，以满足不断更新的专业需求，并激发学生的创新能力。通过产学研合作，将学校、企业和科研机构紧密结合起来，共同推动科技创新和产业发展。

与此同时，高职院校还应加强课程与教学内容的更新，确保教学内容与时俱进，反映行业的最新发展。同时，应注重培养学生的批判性思维、解决问题的能力以及终身学习的能力，以适应快速变化的社会和工作环境。

最后，高职院校应建立和完善质量监控和评估体系，确保人才培养模式的创新能够真正提升教育质量和学生的就业能力。通过定期的教学质量评估和反馈机制，不断调整和优化人才培养策略。在政府主导的产教融合模式下，高职院校应结合自身的产业特色和市场需求，设计和推广适合人才培养的创新模式。通过这些措施，高职教育将更加贴近实际，满足社会和行业的高质量人才需求，为中国的经济发展和社会进步做出更大的贡献。

（三）实施产学研合作，推动科技创新

在当今快速发展的社会经济环境中，产学研合作已逐渐成为高职院校实现产教融合、推动科技创新的重要途径。这种合作模式不仅能够促进知识与技术的交流，还能实现资源共享，为社会培养出更多高质量的技术技能型人才。

　　高职院校应与企业和科研机构建立紧密的合作关系，共同开展前沿的研究与开发项目。通过这种合作，高职院校能够及时获取行业的最新动态和技术，这不仅能够提升学生的学习体验和教师的教学能力，还能使学校的研究工作更加贴近实际，服务于社会发展的需求，从而增强学校的社会影响力和行业竞争力。

　　为了能够给学生提供实践操作的机会，高职院校应利用产业实践基地激发学生的创新精神和创新能力。在产学研合作的过程中，学校应探索创新的人才培养模式，鼓励学生参与到实际的项目中，通过实践学习和创新实验，培养学生解决实际问题的能力。这种经验对于学生未来的职业发展至关重要，同时也为学校的教学和科研工作提供了实践基础。

　　在推进产学研合作项目时，高职院校需要建立严格的管理和监控机制，确保项目的顺利进行和高质量完成。这包括对项目进度的跟踪、质量的把控以及合同条款的履行。同时，学校还需要不断加强师资队伍建设，提升教师的科研能力和教学水平，以适应产学研合作的新要求。

　　高职院校应不断探索和创新产学研合作的模式，开拓新的合作领域和机会。通过与不同行业的企业、科研机构建立合作关系，学校可以为学生提供更多样化的学习和发展平台，同时也能够促进学校自身的学科建设和专业发展。

（四）推进校企合作，促进人才流动和就业

　　在政府的引领下，高等职业教育机构将深化产教融合作为核心使命，致力于推动校企之间的协同发展，以此带动人才的交流与就业市场的繁荣。在这一进程中，高等职业教育机构应深入理解校企合作的内在含义、宗旨和多样化的合作方式，以期达成富有成效的伙伴关系。

　　高等职业教育机构必须认识到校企合作的核心是企业导向和人才培养。因此，在合作过程中，必须依据企业的具体需求量身定制教育计划和实施策略，确保学生的实践技能与企业的实际需求相匹配。同时，高等职业教育机构还应与企业开展产学研合作，将企业的实践经验和需求融入教学和科研之中。

　　为了推动校企合作，高等职业教育机构需要创新合作模式。创新的合作模式不仅能够促进人才的流动和就业，还能加速科技的创新和产业的发展。高等职业教育机构应探索多元化的校企合作途径，例如共建联合实验室、企业实训基地、师资共享以及科技成果转化等，通过这些方式与企业建立紧密的联系，推动产学研教的深度融合，实现互利共赢。

　　在推进校企合作的同时，高等职业教育机构还应注重培养学生的创新精神和市场意识。通过校企合作，高等职业教育机构可以帮助学生深入了解企业的运营机制和市场需求，培养学生的创新思维和实践技能，帮助他们更好地适应

企业环境和市场竞争。这不仅有利于学生的个人成长，也有助于高等职业教育机构的持续创新和发展。高等职业教育机构在推动校企合作、促进人才流动和就业的过程中，需要综合考虑企业需求和学生培养的双重需求，不断深化和拓展合作的深度与广度，培育具有强烈实践能力和创新精神的优秀人才。

四、以政府为主导的产教融合模式的案例分析

在政府的引导下，高等职业教育机构的产教融合模式已经展现了一些显著的成效。通过与企业的紧密合作，高等职业教育机构的教学质量得到了显著提升。例如，合作企业能够提供真实的项目案例，要求学生在课堂中根据实际需求进行项目的设计和开发。在此过程中，学生不断优化自己的设计方案，挖掘创新潜力，逐步深入到真正的技能实操中，取得了显著的实践成果。

政府主导的高等职业教育产教融合模式有效提升了学生的就业竞争力。在与企业的合作中，学生能够深入了解行业需求，进一步丰富自己的技能和经验，增强了自身的市场竞争力，使学生能够更好地适应社会的发展需求。

高等职业教育的产教融合模式促进了院校自身的转型与升级。通过与企业的合作，高等职业教育机构能够更准确地把握行业需求和发展趋势，及时调整和优化专业设置，提高教育的针对性，确保毕业生能够更好地满足社会需求。

五、以政府为主导的产教融合模式的现状与发展趋势

（一）存在的问题与挑战

在政府的引领下，虽然高职院校的产教融合模式取得了一定进展，但在实践中仍面临若干问题和挑战，需要进一步解决。这些问题主要表现在以下几个方面：

1. 资源整合的复杂性

作为产教融合的关键参与者，政府、企业和高职院校在融合过程中不可避免地会遇到资源整合的难题。由于各方的利益诉求存在差异，加之信息不对称，使得资源整合变得相对困难，通常需要政府扮演协调者和引导者的角色。

2. 合作机制的不完善

尽管政府在产教融合模式中扮演了关键角色，但不同政府部门之间，以及政府与企业、政府与高职院校之间的协调与合作仍存在一定的问题。当前，相关的合作机制尚未完全建立，各方的合作意图、角色定位等问题仍需进一步明确。

3. 质量管理机制的不足

在产教融合模式下，确保培养的高职院校学生能满足企业需求，需要建立

一套完善的质量管理机制。然而，实际情况显示，目前的质量管理机制尚不完善，需要进一步加强监管和改进。

4. 政策法规的不健全

政府在产教融合模式中虽然提供了引导和支持，但现有的政策法规还不够完善。产业界和高职教育界的同仁们在不明确的政策框架下进行探索，难以实现政策上的精准对接和顺利推进。

为了应对这些问题和挑战，政府、企业和高职院校需要加强沟通与协作，构建更加紧密的合作机制；加强资源整合与分配，以满足各方的利益需求；完善质量管理机制，确保高职院校培养的人才能够满足产业界的需求；同时，需要加强政策的制定和法规的完善，为产教融合模式的实践提供坚实的制度保障。

（二）解决问题的思路和方法

在政府的推动下，高等职业教育机构的产教融合模式已经取得了一系列成功案例。尽管如此，我们也必须正视其中存在的问题和挑战。针对这些挑战，寻找恰当的解决策略和方法至关重要。

（1）应深入理解产教融合的核心价值和目标，明确产教融合的主导方向，而不是仅仅被动地接受外部或政府的指导。

（2）在实际操作中，需要深入探索产教融合的途径，根据产业需求和学校条件灵活调整，逐步发展出适合自身的产教融合模式。

（3）还应重视提升人才培养的质量和效率，持续增强学生的实践技能和职业素养，以确保产教融合的成效。

（4）针对一些因条件限制或其他因素暂时难以解决的问题，我们还要充分利用政府和社会资源，加强高等职业教育机构之间的合作，构建教育合作网络。

（5）通过引入先进的科技工具、建立高效的信息共享平台等创新手段，可以进一步推动产教融合模式的可持续发展，以适应未来社会和产业的需求。

（三）未来政府主导下高职院校产教融合模式的发展方向和策略

未来，高等职业教育机构的产教融合模式将继续以政府的引领为核心，政府将加强对产教融合的指导和扶持，以促进高等职业教育机构与企业的紧密合作，提高人才培养的质量和增强企业的竞争力。在这种趋势下，未来高等职业教育机构产教融合模式的发展方向和策略包括：

1. 深化校企合作

增进学校与企业间的互动与交流。随着社会对高技能人才需求的增长，学校和企业需要加强合作，建立完善的合作机制，充分利用企业资源，创建高效的交流平台，实施产学研一体化的深度合作，形成产教融合的人才培养模式。

2. 增强创新能力

加强科技创新的合作。在产教融合模式中，企业应充分利用高等职业教育机构的教学资源和科研成果，通过科技创新合作共同提升创新能力，加速技术研发和创新成果的产业化进程。

3. 强化师资队伍建设

打造一支高素质的教师团队。高等职业教育机构师资队伍的建设是产教融合模式的关键部分。政府应通过多种措施激励高等职业教育机构吸引人才、完善教育培训体系，提升教师的数量和素质，构建具有国际竞争力的教师团队。

4. 完善质量监控体系

提升人才培养的质量。产教融合模式的成效，关键在于人才培养的质量。政府应致力于完善高等职业教育机构的人才培养体系，建立全面的质量监控体系，实现教育质量的全程管理，确保人才培养的高标准和有效性。

第六章

产教融合背景下高职院校"双师型"师资队伍建设

在产教融合的大背景下，"双师型"教师不仅是教学的主导者，更是行业实践的参与者，对提升高职教育质量和培养应用型人才具有不可替代的作用。本章将深入剖析产教融合背景下高职院校"双师型"师资队伍建设的重要性、内容和实施路径。如建设"双师型"师资队伍的必要性、具体内容和有效路径，并指出其对于实现教育与产业深度融合、提高教育服务社会能力的重要性，旨在为高职院校在产教融合背景下加强师资队伍建设提供理论指导和实践参考。

第一节 "双师型"师资队伍建设的必要性

随着我国"双一流"高校名单的公布及其重点教育项目的推进，地方高职院校的发展问题再次成为焦点，众多地方高职院校正朝着应用型大学的转型迈进。应用型大学致力于通过校企合作和产教融合培育具有高水平应用能力的人才。在这一转型过程中涉及多种因素，包括人才培养目标、教学理念、教学方法等，这些因素都与教师团队的作用密切相关。教师不仅要履行传授知识和教育学生的职责，还需要具备丰富的实践经验、掌握行业前沿信息，并能够参与到企业技术创新、产品研发、课题研究等市场导向、产业导向、行业导向的活动中。这就要求应用型高校自觉改革师资队伍，打造一支既满足高等教育标准又适应企业生产需求的"双师型"教师队伍。因此，提升教师的实践操作能力和教学水平，构建一支既具备教学能力又具备实践能力的"双师型"教师队伍，是地方高职院校转型发展的核心，也是构建应用型高等教育体系、深化产教融合的关键要素。通过这样的师资队伍建设，可以为应用型大学的人才培养提供坚实的支撑，推动地方高职院校在转型发展中取得实效，为社会和产业发展贡献更多高质量的应用型人才。

高职院校"双师型"师资队伍的建设，既符合马克思主义的事物发展本质规律，也有其现实的必要性。

一、符合马克思主义的发展观

马克思主义的发展观和联系观强调，世界是不断变化和发展的，一切事物都处于不断运动和变化之中，并且事物之间存在着普遍的联系。正是这些联系和相互作用推动了事物的发展和变化，催生了新事物的诞生。新事物的产生和发展，只有符合客观规律和现实需求，才能获得生存和发展的空间。

在校企合作的背景下，这种发展观和联系观提供了重要的指导意义。职业教育中的校企合作和产教融合不仅是教育发展的内在要求，也是顺应企业发展规律的必然选择。这种合作模式能够实现学校和企业的互利共赢，提高人才培养质量，这是职业教育成功的关键。

学校通过与企业的紧密合作，可以为学生提供实际操作的实习实训机会，使学生能够在真实的工作环境中学习和锻炼，从而更好地掌握专业技能。同时，企业也可以通过这种合作模式，参与到人才培养的过程中，为学校提供行业经验和技术支持，帮助学校培养出更符合市场需求的高技能人才。

此外，校企合作培养"双师型"教师，是经济社会发展的内在要求。在现代社会，合作是人类社会发展的重要动力。正如亚当·斯密在《国富论》中所指出的，劳动生产力的提高很大程度上得益于分工的深化。而建立在分工基础上的合作，包括政府计划、市场交易和第三部门协调等多种形式，进一步促进了社会福利的增长。

当前，随着科学技术的快速发展，产业经济结构的升级速度加快，工作岗位对人才的需求越来越呈现出综合化的特征。教育的边界也在不断消失，职业教育作为与经济社会和职业岗位联系最为紧密的教育类型，其人才培养方式亟须与政府、行业和企业等各类组织合作，实现资源共享和优势互补，共同培育能够适应产业经济发展需求的高素质技术技能型人才。

通过这种深度的校企合作，不仅可以提高职业教育的人才培养质量，促进学生的全面发展，也可以为企业输送更多高质量的人才，推动企业的技术创新和产业升级。同时，这种合作还有助于构建学习型社会，促进整个社会的持续进步和发展。因此，加强校企合作，培养"双师型"教师，不仅是教育发展的需要，也是经济社会发展的必然要求。

二、"双师型"师资队伍建设的益处

（一）有利于加强产教双向互动

在产教融合的过程中，高职院校与企业通过紧密互动与合作，共同促进产教融合的深入发展，构建起一个既满足教育需求又符合产业需求的利益共同体。而教师在推动高校产教融合过程中扮演着至关重要的角色，他们不仅是产教融合的核心推动者、积极的参与者，也是连接高校与企业的桥梁。

应用型高职院校建立"双师型"师资队伍，有利于加强学校与企业之间的双向互动，这主要体现在以下3个方面：

（1）高校将一些直接从学校毕业并留校任教的教师派往专业对口的行业企业进行实践锻炼，这有助于加强教师与企业的联系，提升教师的实践技能。

（2）高校引进一批具有应用型人才培养经验和丰富实践经验的高水平教师，为校内专职教师提供了与他们交流和学习的机会。这不仅有助于教师掌握行业先进技术，也有利于教师运用专业知识帮助企业解决实际生产问题。

（3）高校邀请行业专家、企事业单位的优秀工程师或管理者参与教学，这不仅使他们能够参与高校的人才培养过程，也加强了学校教师与企业技术人员之间的交流与合作，促进了双方的相互学习和知识融合，加强了学校的师资力量，使企业与高校的合作更为紧密。

因此，构建一支"双师型"的师资队伍，可以使高校与企业之间实现双向互动合作，推动校企双方、产教双方的共同发展。利益共生是产教双方寻求融合的出发点，也是现代组织得以构建和连接的基础。组织之间互有需求、相互支持，平等与需求是现代组织的基本特征，它们共同构成了产教融合的坚实基础。

企业作为以盈利为核心目标的自主经营、独立核算的经济实体，从事生产、流通、服务等活动。盈利是企业运营的基本追求。对企业而言，参与校企合作，与高等教育机构共同培育"双师型"教师，是引进高校人才的有效途径。尽管一些教师可能缺少实际操作经验，但在技术开发、新产品研制等企业活动中，企业可以充分发挥高校教师在专业理论方面的优势，促进高校教师与企业技术人员的合作，实现优势互补、相互启发，助力企业解决技术难题、降低成本，提升产品性能，实现利润最大化，达到协同增效的目的。

此外，在与高校的合作中，企业还可以推广和塑造自身的企业文化。从企业管理的视角看，企业文化是一种以人为本的现代管理模式，优秀的企业文化不仅能够增强企业的凝聚力，提升人才管理效率，还能成为吸引优秀人才的重要手段。在合作过程中，高校教师与企业员工通过长期的互动，逐渐接受并认同企业文化，这有助于教师在教学中对企业进行正面宣传。同时，企业技术人员在传授技能的过程中，也能进一步巩固和提升自身的专业技能。对企业来说，积极响应国家政策，可以获得国家提供的税收优惠，合法合规地降低税负，增加企业收益。

目前，高校普遍面临专业课教师实际操作能力不足、"双师型"教师人才的数量和质量有待提升的问题。"双师型"教师的实践能力培养需要依托企业的真实工作环境。高校与企业合作，一方面可以切实提高教师的实际操作能力，增强"双师"技能；另一方面，企业拥有众多工程技术人才，高校可以通过合作聘请行业专家、工程师等担任兼职教师，这不仅优化了教师队伍结构，提升了整体教学质量，还缓解了教师数量不足的问题。同时，教师通过参与实践，能够深入了解企业乃至整个产业的真正需求，有助于高校及时调整人才培养方案，避免人才供需的结构性失衡。

（二）有利于拓宽师资来源渠道

"重科研、轻实践"的现象一直是中国高等教育发展的一个难题。据相关调查，超过80％的教师在完成学业后直接走上讲台，某些学校这一比例甚至高达96％，这导致师资队伍在实践能力方面相对薄弱，这些教师在指导学生进行实践操作时往往显得力不从心[①]。

作为以产业需求和学生就业为导向的应用型高职院校，要培养出能够服务地方经济发展的高层次应用型人才，就必须在学校的组织架构中设置校企合作处、实训基地等设施，并且在师资力量上实现"产"与"教"的深度融合。除了校内的理论教学人员，学校还应该聘请来自企业生产一线、事业单位管理一线的具有高实践技术水平的专家，来校传授最新的理论、技术、工艺、方法和规范。这不仅有利于扩大教师来源的渠道，提升师资队伍的多样性和教学质量，而且为培养高素质的应用型人才提供了有力支持。

（三）有利于以实现学生就业为导向

地方性是应用型高职院校的根本特征，决定了这些院校的服务对象、发展愿景和成长轨迹。这一属性强调院校应紧密对接地方经济的发展需求，致力于培育具有鲜明行业特色和高超综合技术技能的高层次应用型人才。这些学生不仅要掌握必要的实践技能，还应具备扎实的理论知识和全面的素质。

为了满足这一要求，应用型高职院校需要依据当前市场和企业的具体需求，不断优化学科建设和专业设置。学校应从师资队伍建设着手，构建一支既符合企业实际需求、以实践能力为核心，又能满足岗位标准的教师队伍。这是实现以学生就业为导向教育的基石。

仅仅拥有丰富的专业知识和较高的学术造诣，而缺乏必要的实践技能，不了解企业的实际运作情况，或者只具备实践技能却不熟悉高等教育的基本规律

---

① 李健龙，赖德鹏，2024.产教融合视域下高职院校"双师型"教师队伍建设的策略［J］.大学教育（13）：18－22.

和教学方法的教师，都无法胜任应用型高等教育的职责。"双师型"教师是理论与实践能力相结合的典范，他们不仅能够传授专业知识，还能指导学生进行实际操作，帮助学生将理论与实践相结合。

这样的教师是应用型高职院校对专业课程教师的基本要求，也是培养能够迅速适应社会和产业发展需求的学生的关键。通过这样的教师团队，学校能够为学生提供与实际工作紧密相关的教育和培训，使学生在毕业后能够迅速融入职场，满足行业对专业技能和实际操作能力的需求。

此外，应用型高职院校还应加强与地方企业的合作，通过校企合作项目、实习实训基地建设等方式，为学生提供接触行业、了解产业、参与实践的机会。通过这种产教融合的教育模式，学校能够更好地调整教育内容和教学方法，使之更加符合地方经济和社会发展的实际需要，从而培养出更多高素质的应用型人才，为地方经济的持续健康发展做出贡献。

三、满足企业持续发展的"两个需求"

产教融合的实施，使得企业作为主体参与人才培养。企业对人才的培养发挥着重要作用，企业对产教融合的需求主要基于以下两个方面。

（一）人力资源的需求

企业对人力资源的需求是多方面的，既包括对人才的精准选拔以降低运营成本，也包括对员工进行持续培训以提升整体竞争力。在产教融合的大背景下，应用型高职院校与企业作为两大核心主体，共同肩负着培养和塑造高素质人才的使命。

一方面，企业在选拔人才时追求与岗位高度匹配的人选，这不仅能确保企业运营的顺畅，还能为企业带来更大的价值创造。匹配度高的人才能够快速融入企业文化，有效执行岗位职责，减少因技能不匹配或文化适应不良带来的额外成本。对于初创期的中小型企业而言，这一点尤为重要，因为它们往往缺乏成熟的人力资源管理体系，容易在人才选拔上出现偏差，增加用人成本。因此，企业期望通过与学校的深度合作，选拔那些已经通过教育体系培养、与岗位需求高度契合的人才，从而降低培训周期和成本，提高人力资源的使用效率。

另一方面，企业对人力资源培训的需求同样迫切。新员工需要接受培训以快速熟悉企业文化、工作要求和基本技能，而在职员工则需要不断学习以适应企业发展和外部环境的变化。这种培训不仅有助于员工个人能力的提升，也是企业增强自身竞争力的重要手段。然而，许多企业，特别是中小型企业，可能缺乏专业的培训体系和资源，难以满足员工的培训需求。

在这种情况下，产教融合提供了一个理想的解决方案。学校可以利用其教育资源和专业知识帮助企业设计和实施员工培训计划，不仅针对新员工的入职培训，也包括在职员工的技能提升和知识更新。通过这种方式，学校能够为企业输送即插即用的人才，同时也为企业员工的持续成长提供支持。由此可见，产教融合不仅能够促进教育与企业需求的紧密结合，还能够帮助企业在人力资源管理上实现成本效益最大化，为企业的长期发展和创新提供坚实的人才支撑。通过这种深度合作，企业可以构建起一个既能够满足当前需求又具备未来发展潜力的人力资源体系。

（二）企业发展的需求

在产教融合的背景下，企业寻求与学校建立深层次的合作关系，以推动自身的持续发展和创新。

1. 技术与管理支持

企业期望利用学校在教育和技术创新方面的优势，获得技术支持和管理创新。技术是推动企业发展的关键因素，不仅包括生产技术，还涵盖了企业管理的各个方面。通过产教融合，企业可以直接接触到前沿的科研成果和管理理念，加速技术革新和管理升级，从而在激烈的市场竞争中保持领先。

2. 提升企业形象

企业形象对于吸引客户、合作伙伴以及优秀人才至关重要。通过与学校的深度合作，企业可以提高自身的知名度，树立积极的品牌形象。学生作为行业的未来力量，通过参与企业的实践和经营管理，不仅能够加深对企业的了解和认同，还能成为企业理念和文化的传播者，拓宽企业的宣传渠道。

3. 政策性优惠

企业作为经济组织，追求经济效益是其本质目标。产教融合使企业有机会获得政府提供的政策性优惠，如税收减免、财政补贴等，这些优惠政策有助于降低运营成本，提高经济效益。此外，企业与学校在生产性合作项目中也能实现互利共赢，进一步增强经济收益。

4. 建立学习型企业

在快速变化的经济环境中，企业要想持续发展，就必须不断学习和创新。建立学习型企业，鼓励员工主动学习新知识、新技能，是企业适应时代发展、保持竞争力的重要策略。在与学校的合作中，企业可以引入学术资源和研究力量，为员工提供学习和成长的机会，促进企业整体的知识更新和技术进步。

通过以上这些措施，企业不仅能够提升自身的技术实力和管理水平，还能在市场中建立良好的品牌形象，享受政策优惠，构建持续学习和创新的企业文化。产教融合为企业提供了一个与教育界紧密合作的平台，有助于企业实现长远的发展目标，同时也为学校提供了实践教学和科研转化的机会，实现了双方的互利共赢。

四、"双师型"师资队伍建设的重要性与长期性

（一）"双师型"师资队伍建设的重要性

应用型高等院校肩负着为社会主义现代化培养一线所需的技能型专门人才的重要使命。这些人才不仅要具备扎实的专业知识，更要有强大的实际操作能力，能够在实际工作中迅速适应、有效解决问题，并在技术引进、设备应用、问题处理等方面展现出出色的学习能力、创新精神和改进意识。这种能力的培养，需要通过强化实践教学环节，突破传统教育只重知识传授的局限，注重学生动手能力、创新能力和创业能力的全面提升。

在这一过程中，"双师型"师资队伍的建设显得尤为关键。这类教师不仅具备高尚的师德和先进的教育理念，还拥有强烈的改革意识和出色的教学实践能力。他们能够将理论与实践相结合，引导学生在实践中学习、在学习中实践，从而更好地适应市场经济的竞争和需求。

建设"双师型"师资队伍，是高等教育走"中国道路"的必然选择。从新中国成立初期以学校独立培养为主的职教师资培养模式，到今天经济社会发展和产业结构转型升级的迫切需求，单一的校本培养模式已不能满足高素质技术技能型人才培养的要求。"双师型"师资队伍建设，既是借鉴德国等职业教育发达国家的成功经验，也是我国长期探索实践出的符合国情的职教发展之路。

"双师型"师资队伍建设的深化，将进一步推动产教融合，提升教学质量。这类教师由于具有丰富的企业实践经验，能够准确把握企业需求，为学校人才培养方案的制订和调整提供有力支持。同时，企业也能通过与学校的合作，充分利用学校的教学资源和人才优势，开展人才招聘、员工培训等活动，实现资源共享、优势互补。

"双师型"教师的教学，摒弃了传统的"填鸭式"或"情景模拟式"教学方法，将教学的主动权还给学生，注重激发学生的主观能动性和创造性思维。这种教学方式，不仅缩短了学生从理论到实践的转化过程，减少了毕业后的岗位适应期，也提高了学生的满意度和成就感，让学生的专业技能得到更全面的展示和提升。

建设"双师型"师资队伍是应用型高等院校提升教学质量、培养高素质技术技能型人才的关键。这需要学校、企业、政府等各方的共同努力和支持，通过深化产教融合、创新人才培养模式、优化师资结构等措施，为我国经济社会发展培养出更多"下得去、留得住、用得上、干得好"的应用型人才。

(二) "双师型"师资队伍建设的长期性

建设一支数量充足、素质优良的"双师型"师资队伍是一项长期而艰巨的任务，它要求教师在思想素质、专业知识、实践能力等多方面具备高水平。成为一名真正的"双师型"教师，不仅需要深厚的理论基础，还需要丰富的实践经验和持续的自我更新能力。

在应用型高等教育领域，各学校正致力于构建符合自身特点和应用型教育需求的师资队伍。无论是从个体教师的专业发展、整个师资队伍的结构优化方面，还是从师资队伍的数量扩充、教学质量的提升方面，或者是从政策措施的制定、实践效果的评估方面，都需要经过长期的努力和不断优化。

"双师型"教师的标准不是静态不变的，而是随着时代的发展而不断演进。在 21 世纪这个知识更新迅速、科技进步日新月异的时代背景下，对"双师型"教师的要求也在不断提高。教师需要不断学习最新的理论知识，掌握行业的最新动态，更新自己的教学内容和方法，以适应教育和社会发展的需求。

对于教师个体而言，"双师型"并非一成不变的标签，而是一个持续努力和自我提升的过程。教师需要定期参与企业实践，通过实际工作经验来提升自己的职业技能和实践教学能力。同时，教师还需要不断学习新的教育理念，掌握新的教学技术，提高自己的教学效果。

对于师资队伍整体而言，"双师型"教师的比例和结构也需要根据教育目标和社会需求的变化进行调整。学校需要根据新的教育政策、行业发展趋势和社会人才需求制定和实施师资队伍建设的新目标和新措施。这可能包括加强教师的职业培训、促进教师参与科研活动、鼓励教师参与行业实践、建立校企合作的新机制等。

为了鼓励教师积极参与"双师型"建设，学校还需建立和完善激励机制，如提供专业发展的机会、建立教学和实践相结合的评价体系、增加对"双师型"教师的奖励和支持等。长期来看，这是一个系统工程，需要学校、教师、企业以及政府等多方的共同努力和支持。通过持续的努力和创新，我们可以培养出更多高素质的"双师型"教师，为社会培养出更多具有创新精神和实践能力的人才，推动我国高等教育和经济社会的持续发展。

第二节　"双师型"师资队伍建设内容

一、制度建设

(一) 建立"双师型"教师资格准入制度

《国家中长期教育改革和发展规划纲要（2010—2020 年)》明确了我国高

等教育发展方向和目标，强调"双师型"教师的重要性。政府需出台配套政策，地方政府需建立培养培训制度，高校需视其为重中之重。目前，"双师型"教师资格认证制度缺失，停留在"双证书""双职称""双能力"层面。教育部将探索建立教师资格考试和定期注册制度，加强教师队伍建设，包括"双师型"教师。建立"双师型"教师资格制度，明确任职资格，进行定期注册考核，保证师资队伍达标率。新教师必须经过全国统考，成为"双师型"教师须取得相应资格。

1. 建立"双师型"教师资格制度的必要性

构建"双师型"教师资格制度至关重要，这一点由"双师型"教师的核心作用所决定。高等教育与社会经济发展和生产建设紧密相连，承担着为地方经济培育技能型和操作型人才的关键任务，而人才培养的质量直接关联国家的社会经济发展水平。随着经济的快速发展，对高素质、高水平技能型人才的需求日益增长，特别是在东南沿海和经济发达地区，技术工人短缺现象频发，高技能人才的缺乏已经开始制约我国经济的持续健康发展。因此，加快培养高素质技能型人才已成为高等教育面临的一项紧迫任务。要培育出实践能力强、能解决实际问题的学生，就必须依靠高水平的教师团队。那些只掌握理论知识、缺乏实践经验的教师，难以培育出实践能力出色的学生。目前，许多高校过于注重招生规模和校园建设，而对高等职业教育的内涵发展关注不足、投入有限，这为学校的长远发展埋下了隐患。要解决这一问题，就必须加强内涵建设，提高教育质量，以鲜明的特色和高质量的人才培养赢得社会的认可，这是树立职业教育品牌的关键。而内涵建设中最关键的一环，就是"双师型"教师队伍的建设，它直接关系到高校的发展方向和教育教学质量，是人才培养质量的根本保障，也是决定高校可持续发展的关键。建立一支高素质、高水平的"双师型"教师队伍，不仅是市场经济对高校的必然要求，也是职业教育特色发展的核心。"双师型"教师是教师专业发展的必经阶段，"双师"素质是高校教师应具备的基本素质，也是教师提升自我、追求卓越的方向。"双师型"师资队伍的规模和素质直接影响高校师资队伍建设的整体质量，因此，我们必须尽快建立"双师型"教师资格制度。

"双师型"教师的特殊性质要求我们必须建立相应的资格制度。尽管目前对"双师型"教师的标准尚未形成统一认识，但其基本要求是明确的：这类教师既要具备扎实的专业理论知识，又要拥有丰富的实践经验或专业技能，同时还应具备良好的教师职业道德和高超的教学能力。简而言之，"双师型"教师是既通晓专业理论又精于专业技能的职业教师。这一特性使其区别于一般教师。目前，我国的教师职业资格证书主要包括高校教师资格证、中职教师资格证等，这些证书的考核重点在于教师的教育教学能力和专业理论知识，对"双师"素质的考核不足，特别是对专业技能的考查存在缺陷。此外，由于历史原因，我国职业教育分为中等职业教育和高等职业教育两大类，两者分属不同的教育类型，对教师的资格要求也有所不同。然而，现行的教师资格制度并未充分考虑这一差异，不能准确全面地评估"双师型"教师的职业能力。因此，我国迫切需要建立专门针对"双师型"教师的资格认证制度。

目前，我国高职院校的师资主要来源于3个方面：一是高校毕业生，他们虽然专业理论知识扎实，但普遍缺乏教育和实践领域的知识；二是离退休教师，他们虽拥有丰富的理论知识和专业技能，但在技术迅速发展的今天，仍需不断学习前沿技术；三是企事业单位的专业人才，他们专业技能娴熟，但缺乏教育知识和教学技能。这些因素都可能制约教师的专业发展，影响"双师型"师资队伍的建设。高职教师来源多样，个体差异显著，如何评价教师的职业能力和工作匹配度已成为"双师型"师资队伍建设面临的重要难题。因此，建立"双师型"教师资格制度，有助于统一教师任职标准，优化教师素质结构，提高"双师型"教师的比例，从而推动高等教育的内涵式发展和质量提升。

2. "双师型"教师资格标准要求

确立"双师型"教师资格标准是构建该资格制度的基石。在政策层面，我们必须首先界定何为"双师型"教师，这是制定资格标准的前提。目前，对"双师型"教师资格标准的定量研究较为匮乏，而多从定性角度进行探讨。一些学者主张，构建"双师型"教师资格平台，重点关注教师的学历背景、专业技能、实践经验以及教学方法等关键维度。《高等职业院校人才培养工作评估方案》虽对"双师素质"有所界定，但学术界尚未形成共识。我们可以借鉴其核心理念，为"双师型"教师资格标准奠定基本的价值导向。

（1）强调基本素质。"双师型"教师首先需是合格的教育工作者，具备必要的教育教学能力。他们应具备传授知识、教授技能、解决疑惑的能力和素养，通过正规的教师培训，掌握"教育学""教育心理学""教师职业道德"等基础知识，并在考试中取得合格证明。简而言之，这类教师应熟悉教育规律，了解高等教育的特点，对学生的心理和习惯有深刻理解，掌握有效的教育教学方法，具备组织协调能力和良好的心理素质及职业素养。我国现有的教师资格认证体系已能满足对教师基本素质的要求，对"双师型"教师的基本素质考核可直接参照现行教师资格证书体系。

（2）重视工作经验。鉴于"双师型"师资队伍建设仍处于规范化的初级阶段，我们可以借鉴国际上的相关经验，结合国内实际情况，由教育行政管理部门制定符合我国教育发展需求的"双师型"教师资格认证制度。在美国，专业工作经验是衡量教师专业技能的重要标准，具有较高的可行性和操作性。"双师型"教师应具备相关的专业工作经验，这是其专业资格认证的基础，为设定准入门槛和考核指标提供了重要参考。在构建资格制度时，必须将工作经验作为核心标准之一严格实施，以满足职业教育对能力本位的内在要求。

（3）注重专业知识的积累。不同专业领域对岗位群的专业知识要求各异，但作为知识的传授者和引导者，"双师型"教师必须具备扎实的专业理论知识。教育界内外的专家学者和行政部门普遍认为，这类教师的专业理论知识应涵盖基础、核心及前沿知识，并需掌握相应的教育理论，形成综合的知识结构。特别指出，教学科研是提升"双师型"教师专业素养的重要途径，但目前高校在这一方面的科研管理尚显不足。高校应激发基层教研组的积极性，引导其结合职业课程理论和教学理论，针对学校专业、教师队伍和学生实际情况，开展有针对性的教育、教学、科研活动，以优化教师的专业知识结构，提升其专业素养。

3. 建立"双师型"教师资格制度的基础

建立"双师型"教师资格制度是实现教师专业化发展的关键步骤，这一制度的确立基于深厚的理论和实践基础。

（1）理论基础的构建。"双师型"教师作为一种专业化职业，其资格制度的建立是教师专业化发展的必然要求。教师承担着培养技能型人才的重任，对教育、经济和社会的发展具有不可替代的作用。有效的教学需要教师根据学生的实际情况和行业需求，灵活选择教学方法，不断更新自己的专业知识和技能。"双师型"教师拥有独特的知识体系，包括专业技能知识和职业教育教学知识，体现了其专业自主性。此外，管理学、社会学和心理学等领域的激励理论，如马斯洛的需求层次理论、赫茨伯格的双因素理论等，为"双师型"教师资格制度的制定提供了丰富的理论支撑。

（2）实践基础的探索。各高校已经开始探索建立"双师型"教师资格制度。例如，湖南永州职业技术学院出台了一系列措施和政策，其《"双师型"教师资格认定办法》将完善教师的知识结构和实践能力作为核心目标，既强调教师实践能力的构建，也注重职称和从业资格的获取。《酒泉职业技术学院"双师型"教师资格认定及津贴发放办法》明确了认定标准，并规定了资格的有效期限，打破了传统教师资格终身制，有效激发了教师的工作热情。河南职业技术学院则通过《"双师型"教师的认定和奖励办法》等文件，建立了青年教师导师制，为"双师型"教师的成长创造了良好的制度环境，并通过送教师外出学习、邀请专家来院交流等方式，促进教师的专业发展。

这些实践表明，各职业院校对建立"双师型"教师资格制度的需求迫切，教育主管部门应充分重视这一需求，加快制度的建立和完善。通过明确资格标准、强化实践能力、建立动态管理机制等措施，可以有效提升"双师型"教师的专业水平，推动职业教育的高质量发展。

4."双师型"教师资格制度与准入制度的关系

"双师型"教师资格制度构成了"双师型"教师准入制度的基础和先决条件，两者相辅相成，共同确保教师队伍的专业性和教学质量。实施"双师型"教师准入制度，必须以资格制度为依托，通过这一制度的执行，确保只有符合条件的教师才能进入职业院校任教。

通过"双师型"教师资格认证的申请者，仅表明他们达到了成为此类教师的基本标准。然而，建立教师准入制度是进一步推进"双师型"教师专业化发展的必要步骤。准入制度的建立有利于精选人才，从众多符合条件的申请者中筛选出最适合特定岗位的人选。这意味着在职教师不仅要具备基本素质，更要满足岗位的具体需求，实现人才与职位的高度匹配。

要建立"双师型"教师准入制度，就必须严格执行"双师型"教师资格制度，对教师岗位的入口进行严格把控。在已经获得"双师型"教师资格证书的申请者中，通过综合评估其教学能力、实践经验、专业技能和职业素养，择优录用，确保教师队伍的高质量和高标准。

此外，准入制度的建立还需要明确以下几个方面：

（1）岗位需求分析。深入分析各岗位的具体要求，包括专业技能、教学经验、行业背景等，确保教师的能力与岗位需求相匹配。

（2）综合评估机制。建立科学的评估体系，对申请者的理论知识、实践技能、教学表现和职业态度进行全面评价。

（3）持续专业发展。鼓励和支持在职教师参与继续教育和职业培训，以适应教育和行业发展的新要求。

（4）动态管理与激励。实施教师资格的动态管理，对教师的资格进行定期复核，并建立有效的激励机制，促进教师不断提升自身素质。

（5）政策支持与法规保障。教育主管部门应出台相关政策，为"双师型"教师准入制度的建立和执行提供法规和政策支持。

5. 引入职业测评机制是"双师型"教师准入制度发展的必然要求

（1）"双师型"教师职业测评的重要性。在教育领域引入职业测评机制，补充和完善"双师型"教师准入制度，对引进和聘任此类教师有重要意义。

一方面，职业测评提供科学手段选拔适合且乐于从事"双师型"教师职业的优秀人才，为职业教育服务。

另一方面，职业测评优化教师配置，提高教育水平和竞争力。同时，它有利于教师个人发展，促进个体与职业的匹配与和谐。选择职业关乎未来，个体需具备相应素质才能成为"双师型"教师。

（2）"双师型"教师的职业测评。职业测评是确保"双师型"教师专业化发展的关键环节，其性质和内容对于选拔和培养合适的教师人才至关重要。

第一，职业测评性质。职业测评分无目标、常模参照和绩效参照 3 类。对"双师型"教师，常模参照性测评首选，判断其是否达职业标准。职业测评按目的分选拔、开发、诊断和考核。对"双师型"教师，主要为选拔性测评，以精选人才，完善准入制度。工作分析在测评中比较关键，确保岗位要求与个人能力匹配。

第二，职业测评内容。教师职业测评应突出选拔性，涵盖职业兴趣、人格和职业能力。职业兴趣影响工作态度和稳定性，人格测评关注心理品质与职业匹配，职业能力测评评估沟通、专业基础和教育教学能力。

第三，职业测评方法。现代测评方法包括心理测验、面试、履历档案分析和专业技能测试。心理测验经济、方便、客观，面试结合履历分析可深入了解应聘者，专业技能测试由第三方评价，为"双师型"教师准入提供参考。

（3）实施职业测评的注意事项。"双师型"教师职业测评是将人才测评理论应用于教师职业的实践，但我们必须认识到，职业测评并非无所不能，它存在固有的局限。测评结果仅作为参考，不能单独作为评判的唯一标准。为了确保选拔过程的客观性和科学性，职业测评应与其他选拔方法结合使用。

在进行"双师型"教师职业测评时，要警惕一个常见误区：过分信赖测评结果的准确性。尽管职业测评是一种严谨、客观地评估基本素质和能力的方法，但它并非完美无缺。没有任何测评工具能够达到 100％的准确性，因此，我们不能仅依赖于职业测评的分数来选拔人才。

每个实施职业测评的单位都有其独特的经营状况和用人需求，职业测评的针对性并不总是很强，它只能提供基本的素质和能力评估。因此，我们应该辩证地看待职业测评结果，既要认可其科学性，也要意识到测评工具的局限性，避免对结果的盲目信任。

职业测评在中国的应用时间相对较短，尽管在企业中已得到广泛应用，但高校在考虑是否引入职业测评机制时，需要持谨慎态度，不能单纯依赖测评结果。选拔"双师型"教师应综合考虑职业测评以及其他多维度的评价方法，如教学实践、专业技能、教育理念等，以全面评估候选人的能力和潜力。通过这种综合评价，可以更准确地选拔出符合"双师型"标准的优秀教师，促进职业教育的质量和效果。

（二）完善"双师型"师资队伍培养机制

当前，许多应用型高等院校的教师队伍主要由直接从高校毕业的研究生组成，这些教师往往缺少长期在企业一线工作的经验。他们深受学科教育的影响，可能并未系统学习应用型高等院校的办学理念和教学方法。鉴于此，强化校内专任教师的双师素质培养显得尤为重要，它是构建一支素质高、结构优的专任师资队伍的关键。从培养机制角度出发，人力资源管理部门可以从以下 4 个方面着手进行培养机制的建设。

1. 职业教育理念学习

学校应采取"请进来、走出去"的策略，安排教师学习国内外先进的职业教育理念和教学改革方法。通过分批派遣专业带头人、教学团队负责人和骨干教师到国外学习，将国际先进的教育理念与中国高等教育的实际情况相结合，以此改革课程体系和教学方法。

2. 顶岗实践与技术服务

学校应建立教师顶岗实践制度，鼓励教师利用假期深入企业进行实践，并将其纳入职称评定的重要条件，同时提供相应的岗位补贴。通过将行业企业的新技术、新工艺与教学紧密结合，提升教师的技术服务能力和创新能力，积极参与横向技术服务项目。

3. 校企人员交流

实施专业带头人校内外双聘制度，聘请行业企业专家作为校外专业带头人，同时邀请企业技术骨干担任学校的兼职教师。按照一门专业课由校内外教师共同授课的模式，让企业技术骨干参与实践性教学环节，与学校共同打造"双师型"的师资队伍。

4. 教师指导学生实践与竞赛

鼓励专业教师积极参与指导学生在实训基地和实习单位的顶岗实践，确保学生能够在实际工作环境中学习和应用专业知识。同时，学校应引导教师和学生共同参与各类技能竞赛，这不仅能够提升师生的实践技能，还能将竞赛和实习经验转化为实践性教学的宝贵资源。

（三）改革高校教师评审考核机制

结合应用型高等院校的培养目标和办学特色，建立和完善"双师型"教师职称评审制度是提升教育质量和教师专业成长的重要途径。这一制度的建立应着重考虑以下几个方面：

1. 教学能力的综合考核

在职称评审中，不仅要考核教师的理论知识和教学方法，还要重点考查教师的"教、学、做"一体化教学能力。这包括教师在课堂上传授知识的能力、激发学生学习兴趣的技巧，以及引导学生将理论与实践相结合的实践教学能力。

2. 教学与课程改革的重视

职称评审应重视教师在教学改革和课程改革方面的成果和创新。这涉及教师对教学内容、教学方法、教学手段的创新，以及对课程体系、课程结构的优化。通过这种方式，鼓励教师不断探索和实践新的教学模式，提高教学质量。

3. 科研成果权重的调整

需要指出的是，在职称评审中应适当降低传统意义上科学研究成果的比重，特别是对于那些更侧重应用和实践的学科。这不是忽视科研成果，而是要平衡科研成果与教学成果、实践成果之间的关系，确保教师能够在教学和科研之间取得合理的平衡。

4. 应用性论文和成果的认可

提高应用型论文在职称评审中的比例，鼓励教师开展与行业应用紧密相关的研究工作。这些研究成果可能更侧重于解决实际问题、推动技术进步和产业升级，而不仅仅是理论上的突破。

5. 专业技能成果的考核

在职称评审中，加强对教师专业技能成果的考核，特别是那些能够体现教师专业技能水平和创新能力的项目。这包括教师参与的技术研发、产品设计、工艺改进等实际工作。

6. 教学成果的全面评价

注重对各级各类教学成果的获得进行评价，包括教学竞赛获奖、教学成果奖、学生评价等，这些都是衡量教师教学效果的重要指标。

7. 职称评审的多元化和灵活性

职称评审制度应具有多元化和灵活性，以适应不同类型教师的发展需要。对于"双师型"教师，评审标准应更加注重其在专业实践和教学创新方面的表现。

二、教学团队建设

（一）提高人才培养质量，推进"双师型"师资队伍建设

促进专业设置与社会需求对接，课程内容与职业标准对接，教学过程与生产过程对接，是职业教育改革的方向以及学校专业建设的核心。专业设置与产业需求的紧密结合是高等教育适应社会发展的关键，这要求高校必须紧跟本地区产业结构的发展趋势。

1. 专业设置与产业需求对接

高校需密切关注本地区经济发展，调整专业设置以满足地方经济需求。未来高校办学质量的评价将更加重视专业与地方产业的融合程度和专业特色的发展。专业团队建设，尤其是"双师型"师资队伍的建设，对于提升专业竞争力至关重要。专业带头人在其中扮演核心角色，负责引导"双师型"教师的实习培训，包括了解地方产业，特别是支柱产业的需求，制订和改革人才培养方

案，深入行业企业以熟悉岗位需求，修订培养计划，并以专业带头人为核心建设教学资源库。

2. 课程内容与职业标准对接

"双师型"教师须熟悉职业标准，这些标准规定了岗位的具体工作规范和技术要求。教师不仅要学习这些标准，还要将其融入教学中，实现课程内容与职业标准的整合。这包括将职业标准引入课程设计，实现教学与实际岗位需求的紧密结合。

3. 教学过程与生产过程对接

教学与生产的无缝对接要求专业教师具备"双师素质"，能够同时进行教学和生产实践指导。高校应建设校内生产性实训基地，教师须熟悉生产过程并按生产标准教学。此外，校企合作建设实训基地，让教师和学生都能在真实的或模拟的生产环境中学习和实践。

"双师型"教师是具备理论知识和实践经验的高素质人才，他们在培养符合社会和经济发展需求的技术技能型人才中发挥着重要作用。通过这种教学模式，可以更有效地为社会经济发展培养所需的高素质劳动者和技术技能型人才。

（二）创新教学考核，鼓励"双师型"师资队伍成长

对接专业设置与产业需求、课程内容与职业标准、教学过程与生产过程，是实现职业教育与社会经济发展紧密结合的重要途径。

1. 深化专业设置与产业需求的对接

高校需建立与地方产业发展紧密结合的专业设置机制。这不仅要求高校调研和预测地方产业结构的变化趋势，还要求高校主动与地方产业进行对话，了解其当前和未来对人才的需求。专业设置应体现出灵活性和前瞻性，以适应产业的快速变化。此外，高校应建立专业评估和调整机制，定期根据产业需求的变化对专业进行优化和调整。

2. 实现课程内容与职业标准的深度融合

课程内容的设置应严格参照职业标准，确保学生所学与企业实际需求相匹配。"双师型"教师在这一过程中扮演着桥梁的角色，他们不仅要教授理论知识，还要将行业的最新标准和技术趋势融入课程中。此外，课程改革应鼓励教师采用案例教学、项目驱动等教学方法，提高学生的实践能力和创新能力。

3. 促进教学过程与生产过程的紧密结合

教学过程与生产过程的对接，要求高校在教学中引入真实的生产环境和生产流程。这可以通过建立校内外实训基地、与企业合作开发课程、邀请企业专家参与教学等方式实现。"双师型"教师应具备指导学生在实训基地进行实际

操作的能力，使学生能够在学习过程中直接体验生产过程，提高其职业技能和工作适应性。

4. 加强"双师型"师资队伍的建设

高校应制订具体的"双师型"教师培养和发展计划，包括教师的企业实践、职业培训、教学能力提升等方面。同时，高校应建立激励机制，鼓励教师参与产业实践，提升自身的"双师"素质。

5. 利用信息技术提升教学效果

高校应充分利用信息技术，如模拟仿真软件、在线教学平台等，为学生提供更加丰富和灵活的学习资源。通过信息技术，学生可以在虚拟环境中进行实践操作，降低学习成本，提高学习效率。

6. 建立校企合作长效机制

高校应与企业建立长期稳定的合作关系，共同参与人才培养方案的制订、课程的开发和实训基地的建设。通过校企合作，高校可以更好地了解企业需求，企业也可以参与到人才培养的全过程，实现资源共享和双赢发展。

（三）实施激励机制，推进"双师型"师资团队建设

1. 岗位管理与人才选拔

高校应根据编制标准进行定编、定员、定岗，并严格管理，确保岗位要求明确，岗位监督到位。同时，高校需要建立和完善人才选拔任用机制，包括管理人才、专业带头人、教学团队负责人和骨干教师等关键岗位，创造一个有利于人才成长的环境，激励教师不断提升自身素质和教学能力。

2. 工作环境与条件激励

高校应为"双师型"教师提供优良的工作和生活条件，包括将办公室与实训室、实训车间相结合，创造一个集教学、学习和实践于一体的环境。此外，高校应为教师配备先进的软件、信息化技术装置以及科研、实训、生产所需的设备工具，以支持教师在教学和科研中的创新活动。

3. 教学安排与课程激励

鼓励"双师型"教师承担职业能力核心课程的教学任务，发挥其在课程改革和教学改革中的示范作用。通过赋予教师更多的教学自主权和创新空间，增强他们的成就感和归属感，激发教师的教学热情和创新精神。

4. 一体化教学项目激励

鼓励教师实施"教、学、做"一体化教学项目，这些项目应紧密结合理论与实践，提高学生的职业技能和实际操作能力。高校应在项目立项和经费上给予支持，为教师提供必要的资源和条件，以促进教学项目的顺利实施。

5. 教学资源开发激励

鼓励"双师型"教师参与慕课、微课、教学资源库等教学资源的建设，利用信息技术提高教学效果和学生的学习体验。高校应提供技术和资金支持，帮助教师开发高质量的教学资源。

6. 技能竞赛与指导激励

鼓励教师指导学生参加各类技能竞赛，通过竞赛激发学生的学习兴趣和创新精神，同时提高教师的教学声誉和专业影响力。高校应为参与竞赛的师生提供必要的培训、指导和经费支持。

三、职业道德建设

（一）高素质"双师型"师资队伍建设的目标

教师是文明的传承者，是推动教育事业快速且优质发展的关键力量。他们肩负着培养高素质人才的重任，其专业素养和职业道德修养对教育工作的成效和青少年的健康成长具有直接影响，进而关系到国家的未来和民族的命运。因此，构建一支高素质的"双师型"教师队伍，不仅是实施科教兴国和人才强国战略的关键步骤，也是深化和提升师德建设的必然要求。

为了打造这样一支队伍，首要任务是确立清晰的建设目标。对此，国家有着长期的教育改革和发展规划，主要目标是培养出大量的师德卓越、专业技能娴熟、结构优化的高素质专业化教师队伍。因此，这一目标的确立是构建"双师型"教师队伍的先决条件和根本出发点。

1. 师德高尚

师德高尚指教师具备高尚的道德素质和良好职业行为。建设高素质专业化教师队伍是教育基础，师德建设是重中之重。高尚师德体现在 3 个方面：

（1）坚定的职业理想和信念。这是教师人生方向的明灯和精神支柱，需增强献身教育事业的责任感、使命感和幸福感。

（2）爱岗敬业，关爱学生。这是教师职业道德的体现，需热爱教育事业，钻研教学业务，关爱学生成长，做学生良师益友。

（3）严谨笃学，开拓创新。要求教师树立严谨治学态度，不断学习钻研，提高教育教学能力，勇于创新，成为学生的榜样。

师德高尚是建设高素质教师队伍的首要目标，需要教师坚持不懈提高修养，增强责任感、使命感，用人格魅力和学识感染学生。

2. 业务精湛

业务精湛是建设高素质专业化教师队伍的重要目标，也是师德建设的内在要求。

（1）业务精湛的内涵和现实意义。教师需具备丰富的专业知识、高超的教学能力、较强的教育能力和教育教学研究能力。业务精湛是时代和科技发展的要求，也是培养创新型人才的需要，对提升我国教育质量和国际竞争力至关重要。

（2）提高教师队伍业务素质。为达到业务精湛，需完善教师培训体系，通过研修培训、学术交流等方式培养骨干教师和领军人物。具体措施包括提高整体素质、制定培训制度、加强管理人员培训、创新师范院校人才培养模式等。这些措施将有助于提高我国教师队伍的整体素质和教育质量。

3. 结构合理

结构合理是建设高素质专业化教师队伍的重要目标，也是师德建设的重要内容。其内涵包括年龄、性别、学历、职称、数量等要素构成合理。合理结构对教师队伍的稳定和教育事业的可持续发展至关重要。具体来说，合理的年龄和数量结构能确保教师队伍的稳定性和教育事业的可持续发展；合理的学历结构能提升教师队伍的整体素质和能力；合理的职称结构则能调动教师的积极性，保持教师队伍的活力。为了促进教师队伍结构合理，需要增加高素质教师数量，加强教育硕士和教育博士的培养，并改革职称评聘制度。这些措施将促进教师队伍的素质提升和活力激发。

（二）加强"双师型"教师的职业道德教育

教师的职业道德是教师的灵魂，富有魅力的教师职业道德对学生的影响是潜移默化的，可使学生受益终身。教师的职业道德建设是一项系统工程，涉及诸多方面，加强教师的职业道德教育是师德建设的基础。

1. 培育"双师型"教师职业道德教育的新理念

理念是指对某一事物的观点、看法、信念，正确的理念是正确方法的前提。理念的形成受到客观环境的影响。当前，世界正处于大发展、大变革、大调整的时期。世界多极化、经济全球化深入发展，世界经济格局出现新的变化，综合国力竞争和各种力量的较量变得更加激烈。在世界范围内，生产力、生产方式、生活方式、经济社会发展格局正在经历深刻的变革。这些变革导致人们的价值观念和价值取向变得多元化，传统的道德理念受到不同程度的冲击和质疑。

传统的教师教育过于注重对教师的专业知识教育，而忽视了德育教育的重要性，这影响了教师对职业道德规范重要性的认识。例如，一些教师过分重视自己的科研工作，而忽视了对学生的教育责任。更有甚者，一些教师在学术上弄虚作假，给学生的思想和专业发展带来了不良影响，严重违背了教师应有的职业道德操守。因此，教师职业道德建设必须树立新的师德教育理念，以新的理论和观点为指导，系统而全面地考察影响师德教育的各种因素。

（1）师德教育须以理论为指导。理论源自实践，对实践有重要指导意义。树立以马克思主义基本原理及中国化马克思主义理论为指导的理念，确保师德教育方向正确。

第一，树立以马克思主义基本原理为指导的理念，即在师德教育中运用实践、辩证、社会矛盾等观点分析、解决问题。

第二，树立以中国化的马克思主义理论为指导的理念，即遵循毛泽东思想、邓小平理论等，贯彻党的路线方针，树立共同理想，培养正确三观。师德教育应强调爱国主义、集体主义、社会主义，引导教师树立正确物质观、利益观，培养职业精神和优良品质，为社会主义事业培养优秀人才。

（2）师德教育须遵循规律。规律是事物发展的本质联系，客观存在且不可改变。师德教育活动也有其特定规律，这些规律贯穿于整个师德教育活动。师德教育规律涉及内部因素与外部环境的内在联系，错综复杂。把握这些规律是提高师德教育质量的关键。

在师德教育中，应发挥教师的主观能动性，关注各因素的特点、关系及变化，总结、认识规律并用于指导教学。同时，需将社会对教师的师德要求传递给教师，转化为教师的自我认知，并进一步体现在教育行为中。这一规律非常重要，在师德教育过程中反复践行，注意社会要求与教师自身道德水平的差异，制定适当目标，提高教师积极性。

（3）师德教育要树立新的理念。需改变师德教育中的功利和工具性倾向，确立新的教育目的理念。师德教育不仅具备政治和文化价值，还有经济价值。应重新认识并重视师德教育的经济价值，关注其个体价值。师德教育旨在促进教师思想品德和智能的发展，这是教育工作的需求，也是教师自我发展的需要。师德教育不仅提高教育效果，还提升教师道德境界，使教师从谋生手段转化为实现个人价值。新理念强调教师职业信念的重要性，帮助教师摆脱物质诱惑，使工作更有意义。树立新理念是师德教育发展的内在要求，也是应对我国教育挑战的新要求，更是对"以人为本"的诠释。

2. 提升"双师型"教师的职业道德教育

关键在于改革和优化教育方法。正如毛泽东同志所比喻的，方法就像过河的船和桥，没有正确的方法，任务就无从实现。面对教师教育环境的不断变化，传统的师德教育方法可能已不足以应对新形势的要求。因此，我们必须根据师德教育的实际需求，不断创新和探究更科学、更有效的教育方法。以下是改进师德教育方法的 3 个结合点：

（1）理论与实践相结合。师德教育不仅要传授职业道德的理论知识，更要注重将这些知识应用于实际教学和管理工作中。通过案例分析、角色扮演等互动式教学方法，使教师在模拟或真实情境中体验职业道德的实践，加深对师德重要性的认识和理解。

（2）传统与现代相结合。在继承和发扬传统师德教育优秀做法的基础上，积极吸收现代教育理念和技术。利用多媒体、网络等现代信息技术手段，创新师德教育的形式和内容，提高教育的吸引力和实效性，使师德教育更加生动、形象。

（3）内在培养与外在激励相结合。师德教育应注重教师内在品质的培养，同时辅以外在的激励和约束机制。通过建立师德考核评价体系、表彰奖励优秀师德典范等措施，激发教师自觉践行职业道德的积极性，形成良好的师德建设氛围。

（4）个体发展与团队协作相结合。在关注个体教师师德发展的同时，也要注重团队协作精神的培养。通过团队研讨、共同体学习等形式，促进教师之间的交流与合作，共同提升师德水平。

（5）持续教育与阶段培训相结合。师德教育是一个持续的过程，应贯穿教师职业生涯的始终。通过定期的师德培训、工作坊、研讨会等活动，不断更新教师的职业道德观念，提升师德教育的针对性和时效性。

3. 形成"双师型"教师职业道德教育合力

"双师型"教师职业道德教育需要各方同心协力、互相协调，进而形成师德教育的合力。影响并推动师德教育发展的因素主要有学校、教育主管部门、教师、外在的法律规范等，只有上述各方在最优化的态势下最大限度地发挥各自的功能，形成齐抓共管的强大合力，才能推动师德教育不断向前发展。

（1）采取师德教育措施。制订师德教育方案，明确目的、内容和要求，成立领导小组，召开座谈会，选择教育内容，教师总结不足，制订计划，纳入考核，树立榜样。教师须为人师表、教书育人，学校制定规章制度确保教师行为符合规范，如教师行为规范、班主任工作制度、德育工作评定制度等。开展师德教育，掌握教师认识程度和存在的问题，通过大会动员、树立典型、举办培训班、交流会等方式，推动师德教育发展，组建宣传小组报道案例，激励教师改进。

（2）发挥教师主体作用。教育是心灵与心灵的交流，灵魂与灵魂的融合，人格与人格的对话。教师应承担起传道、授业、解惑的职责，成为具备教育智慧的学者，以及人格修养的典范。如果说教师是太阳下最光辉的职业，那么其光辉之处便在于能够照亮一代又一代的新人，从而提升全民族的素质并推动社会的发展与进步。教师的工作不仅在于传授知识，更在于培养人才；不仅要言传身教，更要注重品德教育。我们必须重视教师的职业理想和职业道德教育，以增强教师教书育人的责任感和使命感。广大教师应自觉加强师德修养，做到

"学为人师，行为世范"。在师德教育中，教师自身是主体，只有当师德教育成为教师自我职业道德提升和自我发展的自觉追求时，它才能获得持续发展的内在动力。教师在教育活动中占据着至关重要的位置，特别是在影响学生成长与发展的方面。教师的言行举止无疑会潜移默化地影响学生，尤其是在学生形成世界观、人生观、价值观的关键时期，教师的行为往往成为学生观察和思考问题的重要参照。教师的师德水平直接关系到学生的健康成长，进而影响整个教育事业的发展。因此，教师必须不断提升自身的师德水平，真正成为师德教育发展合力中的关键一环。

（3）运用法律规范调节。师德教育需法律规范调节，如《中华人民共和国义务教育法》《中华人民共和国教师法》等。《国家中长期教育改革和发展规划纲要》强调依法治教，推动教育法制建设，完善法律法规，制定相关考试、学校、终身学习等法律。法律在教育发展中作用重大，师德教育需要法律约束，形成合力离不开法律规范。

（三）注重"双师型"教师职业道德修养

1. 树立"双师型"教师职业理想

教师职业道德修养的提升首先需要树立坚定的职业理想。职业理想反映了教师对教育事业的深切追求和向往，是在正确的世界观、人生观和价值观指导下形成的。教师应以根据国家的相关指导方针为指导，增强教书育人的责任感和使命感，关爱学生、严谨治学、淡泊名利、自尊自律，以人格魅力和学识魅力教育感染学生。

（1）追求崇高的教育理想。教师应立志追求崇高的教育理想，这不仅是个人事业成功的起点，也是实现教育事业强大动力的源泉。教师应将个人的教育理想与时代特征和个性特征相结合，忠诚于人民教育事业，勤奋工作，为社会主义文化建设事业做出贡献。

（2）以党和国家理想为指导。教师的职业理想应与党和国家的理想保持一致，以实现共产主义和人的全面自由发展为目标。教师应积极投身于社会主义现代化建设，为广大人民谋福利，实现马克思所言的"为大多数人带来幸福"的崇高追求。

（3）强化生活理想的基础作用。生活理想是职业理想的基础，教师应有健康、积极、向上的生活理想，这将为教师的职业实践提供无限力量。教师的生活理想应体现其世界观、人生观、价值观，并与其职业理想相辅相成，促进教师在物质、精神和家庭生活方面的追求。

（4）实现职业与生活的和谐统一。新时期的优秀教师应将远大的社会理想、富有创新和激情的教育理想与高质量的生活理想相结合。这包括对家庭的热爱、对孩子的关爱以及夫妻间的和睦，实现职业成功与个人幸福生活的和谐统一。

2. 培养"双师型"教师职业道德情感

培养教师职业道德情感是加强教师职业道德修养的关键。这种情感是教师基于职业道德标准对教育教学中的道德关系和行为产生的心理体验。它促使教师形成与道德认知相符的情感，并改变相抵触的情感。这种情感是教师长期教育实践的产物，是其工作的内在动力，成为其投身于教育事业的推动力。

（1）热爱教育事业。教师对事业和学生的爱体现在日常教育中，通过爱学生表现对教育事业的热爱。这种爱须严慈相济，关注学生全面发展，激励学生上进。

（2）增强责任感。教师以教书育人为天职，需具备公正无私的责任感。公正感体现在尊重与严格要求学生上，是教师职业道德水平的重要标尺。责任感是教师从事教育事业的内在动力，体现在教书和育人上。

（3）提升幸福感。教师的幸福感源于学生成长成才，为祖国做贡献。教师作为连接过去与未来的桥梁，辛勤耕耘，无怨无悔。这个职业虽艰辛，但充满快乐和幸福，是教师强大的动力源泉。因此，需注重提升教师的幸福感。

3. 践行"双师型"教师职业道德规范

教师职业道德是教育行业的重要规范，旨在指导教师行为，调整道德关系。践行教师职业道德对实现自我价值、提升学生道德素质及国民整体素质有重要意义。

（1）践行教师职业道德的重要性。践行教师职业道德能激发教师潜能，树立正确职业态度，全身心投入教育事业，实现自我价值。教师言行对学生影响深远，直接影响学风、校风及教育质量。践行教师职业道德关乎教师队伍素质，影响素质教育和人才培养质量。

（2）具体要求。教师应为人师表、率先垂范，注重言行举止、以身作则。应爱岗敬业、热爱学生，将职业理想与教育思想相结合，热爱学生，处理好师生关系。应勤奋好学、终身学习，不断更新教育理念，完善知识结构，提高业务水平。应奉献社会、服务人民，对教育劳动的社会价值有充分认识，产生积极情感。应围绕社会主义核心价值体系，培养与社会主义现代化建设相适应的新人。

第三节 "双师型"师资队伍建设的路径

"双师型"师资队伍的建设面临着诸多挑战。这些问题包括师资队伍在学历、年龄、来源、职称等方面的结构失衡，以及"双师型"教师数量不足、实践能力不强、培养途径不顺畅和成效不显著等。为了加快"双师型"师资队伍的建设步伐，必须深入且系统地研究其建设路径和解决相关问题的策略。

职业教育的培养目标要求教师不仅要有扎实的理论基础和卓越的教学能力，还必须具备强大的专业实践技能和丰富的实际经验。因此，专业课教师都应当努力成为"双师型"教师。为了提升现有教师的双师素质和整体教学水平，必须从以下两个方面入手。

一、提高教师理论水平和教学水平的主要途径

（一）提高教师理论水平的主要途径

目前，高等职业院校教师多为中青年，学历、实践能力及理论基础薄弱，难以适应发展需求。因此，提高教师理论水平成为首要任务。提高途径包括学历进修、课程进修和在职自学。

专业教师是高等职业院校的核心力量，加强其培养是学校发展的根本。学校应根据专业建设规划统筹安排教师培训，提高学历和专业技能水平，特别是选送优秀中青年教师到高水平高校和企业学习，并注重专业对口和学科带头人的培养。

培训是提升教师理论水平的主要途径，分为校本培训和校外培训。校本培训结合教育教学和科研活动，通过师徒结对、专家短期培训和反思性教学等方式提高教师教育教学能力和实践水平。校外培训则通过挂职学习等方式，提高教师的实践能力和应用能力。

此外，引进"双师型"教师和聘任兼职教师也是有效途径。企事业单位中具有丰富实践经验和操作能力的专家是理想的"双师型"人才，引进他们可以为教学和相关课程建设带来生机。同时，聘任兼职教师可以弥补学校师资不足，提高教学质量。然而，引进和聘任过程中存在一定困难，需要政府、企事业单位和职业学校共同努力解决。

（二）提高教师教学水平的主要途径

高等职业院校的教学活动不仅局限于传统的课堂讲授，还包括理论教学和实践教学两大重要组成部分。在这两者之间，实践教学占据了相当大的比重，因为它直接关系到学生将理论知识应用于实际操作的能力。实践教学的形式多样，涵盖了实验室的实验操作、校外的实习机会、综合性的实践训练以及课程设计等环节。这些实践活动不仅能够帮助学生巩固理论知识，还能培养他们的动手能力和解决实际问题的能力。

对于刚刚步入教师岗位的年轻人来说，从最初的入职培训到能够独立地站

在讲台上，自如地指导学生进行实践活动，这需要一个相对较长的适应和成长过程。他们在此过程中必须付出大量的努力和辛勤的劳动。成为一名优秀的教师并不是一件容易的事情，尤其是在高等职业院校，教师不仅要有扎实的理论基础，更要有强大的实践能力。只有这样才能真正提高教学质量和学生的实践能力。

为了达到较高的教学水平，年轻教师需要具备勤奋敬业的精神，虚心向经验丰富的老教师学习，不断积累教学经验和实践技能。他们需要在教学过程中不断反思和总结，积极参加各种教学研讨和培训活动，以提升自身的专业素养和教学能力。只有这样，年轻教师才能在高等职业院校的教学工作中站稳脚跟，为培养高素质的技术技能型人才做出贡献。

二、提高教师实践能力的主要途径

（一）转变观念是培养"双师型"教师取得成效的保证

在当前的应用型高等院校中，大部分教师都是在完成学业后直接进入教学岗位的。这些教师大多毕业于普通的高等教育机构，他们在学术教育方面有着深厚的背景和经验。然而，由于他们长期沉浸在学科教育的环境中，许多人对参与专业技能培训的兴趣并不浓厚。甚至有一些教师持有这样的观点：那些从事实践教学的教师是因为他们在理论课教学方面的能力不足，无法胜任，才不得不转向实践教学。这种观念在一定程度上影响了教师对职业技能培训的重视程度。

鉴于此，高等院校应当加强对教师的职业思想教育和引导工作。学校需要通过各种方式，如举办讲座、研讨会和工作坊等来提升教师对职业技能培训重要性的认识。同时，学校还应鼓励教师积极参与各类职业技能培训活动，使他们能够从思想上真正重视并认识到职业技能培训的价值。通过这样的努力，教师将更加积极主动地投身于职业技能培训中，从而提升自身的教学能力和专业素养，更好地适应应用型高等教育的发展需求。

（二）建立"双师型"教师资格认证制度

要建立"双师型"教师资格认证制度，须确保师资队伍科学化、规范化。对此，可以借鉴国外的成功经验。德国职业教育教师需通过多次考试及实习，具备丰富经验方可取得资格。我国应尽快建立此制度，作为师资队伍建设的核心。

国外虽无明确"双师型"提法，但高职教师均具备相应内涵。美国、德国、澳大利亚、日本、丹麦等发达国家已建立成熟的职业教育教师资格认证体系。澳大利亚职业教师需具备专业文凭、资格证书及企业工作经历。美国实施专门职业教育教师资格证书制度，要求严格，类似我国"双师型"教师。德国职教教师需通过系统学习及考试，具备企业经历及教育学理论。日本"职业训练指导员"为双专业教师，需双学士学位及实践经验。

（三）产学研一体化

构建"双师型"师资队伍需采取多元化的策略。无论是对在职教师进行校外培训，还是引入兼职教师或行业专家，都应遵循产学研一体化的教育模式。

1. 坚持产学研一体化教育模式

产学研一体化是培育"双师型"教师的核心途径。这一模式旨在推动教师从纯知识传授者向技术与技能并重的实践者转变，实现高等职业院校在人才培养、科研成果及产品创新方面的综合发展。学校应激励教师参与实验室和实训基地的建设，开发新的实验和实训项目，主动融入科研设计单位，与企业合作开展科研课题，参与项目设计，将生产实践中的问题转化为学生的综合实践课题。

2. 实现教师角色的 3 个转变

建设"双师型"师资队伍，需要实现教师能力结构、教学方式和教学内容的 3 个转变：

（1）能力结构。从知识型向技能型转变，使教师具备更强的实践操作能力和技术应用能力。

（2）教学方式。从传统的讲授式教学向以实践为中心的教学转变，增强学生的动手能力和问题解决能力。

（3）教学内容。从封闭型向开放型转变，不断更新教学内容，反映行业最新发展和需求。

3. 促进教师实践能力的提升

学校可以通过组织教师到企业现场顶岗挂职，学习生产技能和管理知识，或与科研设计单位兼职合作，承担科研课题，参与项目设计，从而提升教师的"双师"素质。

4. 优化培训方式

虽然在职教师的培训能够在一定程度上提升其"双师"素质，但这并不足以满足快速、高效建设"双师型"师资队伍的需求。因此，产学研一体化不仅能够补充传统培训方式的不足，而且是培养具备"双师素质"教师的有效途径。

5. 建立教学工厂

学校应积极办好教学工厂，形成具有市场竞争力的产品，为教师提供承担产品设计、工艺管理等专业技术工作的机会，使教师在实际工作中锻炼和提升自己的专业技能。

（四）选择"访问工程师"模式

"访问工程师"模式被认为是培养具备"双师型"素质的教师的关键途径。在这种模式下，学校可以充分利用暑假等假期时间，组织教师前往与他们专业对口的企业进行实践锻炼。通过挂职顶岗、合作研发等多种形式，教师能够切实加强自身的实践技能，从而提升他们的双师素质。在企业中，教师有机会接触到先进的专业生产设备、技术和工艺，这不仅使他们能够及时了解专业生产的现状和发展趋势，还能极大地丰富他们的实践经验。

通过这种模式，教师在企业中的实践经历能够使他们在教学过程中及时补充和反映生产现场的新技术、新工艺，从而显著提高课堂教学的效果。这种教学内容的更新和丰富，不仅能够激发学生的学习兴趣，还能使他们更好地适应未来的职业需求，为他们走向工作岗位打下坚实的基础。因此，"访问工程师"模式不仅有助于提升教师的专业技能，还能为学生提供更加贴近实际、更具前瞻性的教育。

（五）建立"教师工作室"

创建"教师工作室"是一种非常有效的方法，用于培养具备"双师型"特质的教师。通过让那些拥有丰富实践经验以及专业技能的教师负责管理一个实验或实训室，并将这些实验或实训室直接命名为某位教师的工作室，我们不仅能够显著改善教师的科研条件，还能进一步增强教师的责任感和自豪感。目前，许多具备条件的学校已经开始为那些具有丰富实践经验以及专业技能的教师配备专门的工作室。这一举措使得教师的专业素养和技能教学水平得到了显著的提升。这些教师所培养的学生也在国家和省级技能大赛中屡屡获奖，充分展示了"教师工作室"模式的成功和有效性。

（六）加强师资培训基地建设

近些年来，教育部便着手实施一系列针对职业教育的重要工程，其中一项关键举措便是师资培训工程。在全国范围内，众多高等职业院校纷纷设立了专门的"双师型"教师培训基地。这些基地致力于通过开展国家级骨干教师培训、省级骨干教师培训以及省级"四新"培训工程等一系列培训项目，全面推进"双师型"教师的培养工作。培训的核心内容涵盖了职业教育的理念、实践能力的提升、专业技能的强化以及现代教育手段的应用等多个方面。

（七）拓宽师资引进渠道，扩大兼职教师比例

兼职教师在应用型高等学校中扮演着至关重要的角色，他们不仅是教学团队的重要组成部分，而且在某些情况下，他们的比例甚至超过了专职教师。以美国社区学院为例，兼职教师的数量占据了教师总数的 2/3，这一比例相当惊人。而在加拿大社区学院，兼职教师的比例更是高达 80％以上，这充分说明了兼职教师在这些教育机构中的重要性。

此外，企业界也不乏博学多才、善于表达和辩论的杰出人才。这些人才往往具有丰富的实践经验和技术知识，能够为学生提供宝贵的行业经验和实际操作技能。因此，学校应该有计划地聘请这些来自本地区、本行业的能工巧匠担任兼职教师。通过这种方式，学校不仅能够丰富教学内容，还能让学生更好地了解行业现状和未来发展趋势，从而为学生的职业发展提供更多的机会和可能性。

（八）充分发挥职称评审的导向作用

教育行政部门应当充分认识到高等职业院校中"双师型"教师的独特性和重要性，为了更好地促进职业教育的发展，必须尽快制定并出台一套专门针对这些教师的职称评审标准。在这一过程中，应当将技能考核作为高等职业院校教师职称评审的核心指标之一，确保教师在实际操作和技能传授方面的能力得到充分的重视和评估。同时，为了更好地适应职业教育的特点，可以适当降低对学术研究成果的要求，避免单一的学术评价标准对"双师型"教师的不公平待遇。这样的调整将有助于真正体现职业教育对教师素质的特殊要求，确保教师队伍的专业性和实用性，从而提高职业教育的整体质量，培养出更多符合社会需求的高素质技能型人才。

（九）提高"双师型"教师的待遇

"双师型"教师是指那些在理论知识和实践能力方面都表现出色的教师群体。他们不仅具备扎实的学术理论基础，还拥有丰富的实践经验，能够将理论与实践相结合，为学生提供更为全面和深入的教学。由于"双师型"教师在教学和实践指导方面承担着比普通教师更为繁重的工作任务，因此，学校应当制定专门的奖励政策，以表彰和激励这一教师群体。

学校可以为"双师型"教师在职称评审、出国培训、工资津贴等方面提供相对优厚的待遇。通过这些激励措施，可以确保"双师型"师资队伍的稳定性和持续发展。这样，教师在教学和实践指导方面能够更加投入，为学校培养出更多具有实际操作能力的优秀学生。

建设一支"双师型"的师资队伍并非一蹴而就的事情。这一过程涉及多个方面，包括教师的选拔、培养、考核和激励等。由于每位教师的专业背景、实践经验以及个人能力各不相同，因此，培养"双师型"教师的过程也具有一定的复杂性。此外，这一过程还可能涉及政府部门之间的协调与合作，以确保教师在实践技能方面的提升能够得到充分的支持和保障。

因此，各学校在制定相关政策和措施时，不能简单地套用一种模式，更不能采取"一刀切"的做法。相反，学校应当根据自身的实际情况，结合地方及区域经济发展特点，制订出切实可行的培养方案。只有这样，才能真正将各项工作落到实处，确保"双师型"师资队伍建设的顺利进行，从而为学校和社会培养出更多具有理论和实践双重能力的优秀教师。

第七章
产教融合背景下高职院校人才培养质量评价体系构建

本章专注于探讨产教融合背景下高职院校人才培养质量评价体系的构建，旨在通过科学的评估机制确保教育质量与产业需求的紧密结合。通过系统论述，希望能为高职院校提供一个全面、客观、动态的人才培养质量评价框架，以促进教育与产业的深度融合，提升我国广大高职院校创新型人才和应用型人才的质量和培养效率。

第一节　产教融合质量评价内涵分析

一、产教融合质量评价研究现状

随着国家供给侧结构性改革的不断深化，高职院校承载了新的历史责任，即培养符合国家发展战略的高素质技术技能型人才，以支持区域经济的增长。专业建设是高职院校教育体系的核心组成部分，也是实现可持续发展和提升办学质量的关键。为了打造高水平的专业群，引领教育和产业的共同进步，产教融合和校企合作成为必然选择，这两者是高职教育实现产教融合的核心任务和关键实现途径。

在国际上，美国、德国、日本等国家已经将产教融合的质量评估纳入法律框架。学者如弗里曼提出的利益相关者理论和三螺旋理论也被应用于产教融合的评估中。以德国为例，政府通过《联邦职业教育法》及其州级细化规章，为职业教育提供了明确的法律支持，包括职业资格认证、实习安排以及培训活动的规范，确保了其职业教育"双元制"模式的有效运作。

随着国内关于产教融合和校企合作的政策文件陆续发布，职业教育的产教融合步入了新的发展阶段。许多学者在质量评估方面进行了大量的探索和研究，这些研究成果为产教融合的质量评估提供了宝贵的参考。在研究方法上，大多数研究基于教育理论，采用思辨和质性研究方法，而以问题为导向的深度调查和量化研究相对较少。研究思路多从教育机构的角度出发，构建的评价体系缺乏适应性验证，提出的建议和对策的针对性和实效性有待加强。在研究内容上，一些研究或过分强调基于传统数据采集平台的客观性，或过分强调利益主体而忽略了评估的基本常识，导致"唯质"或"唯利"的指标体系科学性需要进一步验证。

二、产教融合质量评价内涵

高等职业教育的质量评价体系应当体现出对特定价值的响应，这些价值包括但不限于服务导向性、要素的多样性与动态性，以及反馈的及时性。产教融合质量评价是一个系统化的过程，它根据既定的评价原则和标准，运用合适的评价工具，对产教融合活动进行价值判断，以满足不同利益相关方的需求。这一评价过程不仅具有结构性和系统性，而且能够适应教育发展的动态性，与价值论和系统论的原理相吻合。

产教融合质量评价的双重目的在于：一方面，评价要能够准确反映产教融合的发展现状和水平，为相关利益方提供决策支持；另一方面，评价要为学校和企业在产教融合过程中提供质量保障，确保产教融合活动能够达到既定的质量目标，促进教育与产业的深度融合和协同发展。

1. 在构建产教融合质量评价指标体系时，需要综合考虑以下两个关键维度

（1）利益相关者的需求和期望。评价体系的设计必须基于利益相关者理论，充分考虑学校、政府、行业和企业等各方的利益和需求。这涉及学生、教师和企业员工在知识获取、技能提升、情感满足和价值实现等方面的感受和满意度，确保评价体系能够全面反映各方的收益和成长。

（2）教育经济效率。评价体系还需要参照教育经济效率理论，客观评估学校和企业在共建专业、课程开发、技术研发等方面的投入与产出，确保教育资源的高效利用和优化配置，实现教育投入的最大效益。

2. 产教融合质量评价还应当关注以下方面

（1）教育内容与产业需求的对接。评价体系要能够反映教育内容是否与产业实际需求相匹配，课程设置是否有助于学生掌握未来职场所需的知识和技能。

（2）教育过程的实践性和创新性。评价体系要重视教育过程中的实践教学和创新能力培养，鼓励学校与企业共同开发实践项目，提升学生的实际操作能力和创新思维。

（3）教育成果的转化与应用。评价体系要考查教育成果如何转化为实际的产业应用，包括学生就业质量、技术研发的市场化程度以及对产业升级的贡献等。

通过这种全面、系统的评价，高等职业教育能够及时获得反馈，不断调整和优化教育策略，提高教育的适应性和前瞻性，更好地满足社会经济发展的需要，培养出更多高素质的技术技能型人才。

三、产教融合质量评价理论基础

自 1984 年弗里曼在其著作《战略管理：利益相关者管理的分析方法》中提出利益相关者理论以来，这一理论已成为分析组织与各方关系的重要工具。弗里曼定义利益相关者为"那些能够影响组织目标实现或受组织目标实现过程影响的所有个体和群体"。这一定义为识别和分类产教融合中的利益相关者提供了理论基础。

米切尔评分法进一步将产教融合中的利益相关者分为 3 个类别：确定型、预期型和潜在型。在这一分类中，学生、教师、学校和企业被明确为产教融合的确定型利益相关者，他们的权益和需求是产教融合活动必须首先考虑的。

利益相关者理论强调，产教融合的目标不仅仅是实现教育和产业的简单结合，而是更深层次地实现参与者生命价值的最大化。这意味着在产教融合的过程中，不仅要关注各方的个性化需求，还要关注他们的情感和思想，确保每个参与者都能在合作中找到成长和发展的空间。产教融合的质量评价应当以所有参与的利益攸关方为出发点，构建一个综合性的逻辑框架，评估他们在合作中预期利益的实现程度。这一评价追求的是实现各方利益的最大化，而非仅仅满足个别主体的局部利益。

结合价值论，产教融合评价指标体系的构建需要做到以下 3 点：

（1）客观反映多方价值主体对价值客体的评价需求，确保评价结果能够真实反映各方的期望和满意度。

（2）反映学校和企业在共建专业过程中的投入与产出，遵循最优原则，确保资源的有效利用和教育质量的最优化。

（3）考虑到产教融合质量评价过程的系统性，构建的指标体系应具备系统论的整体性、相关性、动态性、目的性和层次性等基本属性。

产教融合质量评价是一个动态的、持续的过程，它需要不断地根据教育和产业的发展进行调整和优化。评价指标体系的构建和应用，应当能够促进产教融合的深入发展，提高教育的适应性和针对性，最终实现教育与产业的共同进步和繁荣。通过这种全面、系统的评价，可以为高等职业教育的发展提供坚实的理论和实践支持，培养出更多符合社会和市场需求的高素质技术技能型人才。

四、产教融合质量评价政策依据

习近平总书记在党的十九大报告中提出的"完善职业教育和培训体系，深化产教融合、校企合作"的重要指示，为职业教育的改革和发展指明了方向。党的二十届三中全会审议通过的《中共中央关于进一步全面深化改革、推进中国式现代化的决定》对深化教育综合改革做出系列部署。其中，针对职业教育，《决定》提出"加快构建职普融通、产教融合的职业教育体系"。国务院办公厅颁发的《关于深化产教融合的若干意见》进一步明确了支持社会第三方机构开展产教融合效能评价的重要性，并强调了统计评价体系的健全性，以及监测评价结果在绩效考核、投入引导、试点开展、表彰激励中的关键作用①。

国务院颁发的《国家职业教育改革实施方案》进一步细化了职业教育质量评价体系的构建，以学习者的职业道德、技术技能水平和就业质量为核心，同时强调了产教融合、校企合作水平的重要性。该方案明确要求完善评价机制，规范人才培养全过程，健全多元化办学格局，并推动企业深度参与协同育人。

教育部颁发的《关于实施中国特色高水平高职学校和专业建设计划的意见》（"双高计划"）中，特别强调了产教融合的重要性，推动高职学校与行业企业形成命运共同体，共同面对教育与产业的挑战与机遇。

国务院印发的《深化新时代教育评价改革总体方案》进一步提出要健全职业学校评价体系，重点评价职业学校在德技并修、产教融合、校企合作、育训结合等方面的表现，以及学生获得职业资格或职业技能等级证书的情况、毕业生就业质量、"双师型"教师队伍建设情况等。

这些政策文件不仅为构建校企共建专业的指标体系提供了强有力的政策参考依据，而且为职业教育的发展提供了明确的路线图。在这些政策的指导下，职业教育评价指标体系的构建应当着重考虑以下几个方面：

（1）职业道德和技术技能。评价指标体系要能够全面反映学习者的职业道德和技术水平，这是职业教育质量的核心体现。

（2）就业质量。评价学生的就业情况，包括就业率、就业对口率、就业满意度等，以就业质量作为衡量教育成效的重要指标。

（3）产教融合和校企合作。评价产教融合的深度和广度，以及校企合作的实效性，包括企业参与教学的程度、合作项目的质量和数量等。

（4）育训结合。评价职业教育与职业培训的结合情况，以及对学生职业技能提升的贡献。

---

① https://www.gov.cn/zhengce/202407/content_6963770.htm.

（5）"双师型"教师队伍建设。评价教师队伍的专业性和实践性，以及教师在产教融合中的作用和贡献。

（6）学生发展。评价学生的学习体验、个人发展、创新能力和创业精神等，关注学生的全面发展。

（7）社会服务。评价职业教育对社会发展的贡献，包括技术研发、社会培训、文化传播等。

（8）持续改进。评价职业教育机构对评价结果的响应和改进措施，以及持续提升教育质量的能力。

五、产教融合质量评价现实意义

（一）质量评价可有效推动校企合作

质量评价在产教深度融合和校企共建专业中扮演着至关重要的角色，它是推动教育与产业结合的核心动力和基础保障。一个科学、实用的质量评价指标体系，具备以下关键功能：

1. 目标管理的引导作用

质量评价指标能够为校企合作的各方指明合作的目标、内容和方向。这有助于确保所有参与主体都能够围绕共同的目标和内容，进行有针对性的深度合作，从而提高合作的效率和效果。

2. 过程管理的调节作用

通过质量评价，相关主体能够及时对产教融合的过程进行反思、诊断和改进。这不仅有助于及时发现问题和不足，还能够促进各方形成有效的沟通和协调机制，确保合作过程的顺利进行。

3. 结果应用的诊断作用

评价结果可以为各利益主体提供决策支持。在学校层面，评价结果可以用于监督、诊断和评价专业的人才培养质量、专业内涵建设质量及其建设成效。在政府或行业层面，评价结果可以作为选择优质校企合作项目、双高项目的参考依据。在企业层面，评价结果可以用于企业内部管理改进和优化，提升经营管理水平和收益，也可以作为政府或行业评选优秀产教融合型企业的参考。

4. 管理与激励功能

科学的质量评价指标体系能够激励学校和企业不断提升自身的教育和管理水平。通过评价，各方可以明确自身的优势和不足，从而有针对性地进行改进和提升，实现持续进步和发展。

5. 避免功利化倾向

科学设计的产教融合评价指标体系有助于纠正一些高职学校可能存在的技

术化、职业化或盲目追求精英教育和物质化建设成果的倾向。通过评价，引导学校回归教育的本质，即以人为本、专注于培养高素质的技术技能型应用人才。

6. 促进教育与产业的深度融合

质量评价指标体系强调教育与产业的紧密结合，促进学校和企业在人才培养、技术研发、社会服务等方面的深度合作，实现资源共享、优势互补，共同推动教育和产业的发展。

7. 建立长效机制

通过质量评价，可以建立起校企合作的长效机制，确保合作的持续性和稳定性。评价不仅关注短期成效，更注重长远发展，为校企合作提供持续的动力和方向。

8. 提升教育质量和适应性

质量评价有助于提升教育的质量和适应性，确保教育内容和方法能够满足社会和市场的需求。通过评价，学校可以及时调整教育策略，提高教育的针对性和有效性。

（二）质量评价可有效促进高职院校自身专业建设

高职院校作为培养高技能人才的摇篮，在人才培养过程中，面临着与产业需求紧密结合的挑战。为了实现专业设置与产业需求的精准对接、专业课程内容与职业标准的紧密对接，以及专业教学过程与生产过程的紧密结合，高职院校需要采取以下措施：

1. 积极寻找合作伙伴

主动与行业内的优秀企业建立合作关系，通过校企合作，共同探讨人才培养的新模式和新路径。特别是若能与企业建立起深度合作，高校有机会从研发、市场调研、生产、营销、推广到收集市场反馈的全程式参与，并适当地让学生也参与进来，那么将对人才培养产生非常有效的促进。

2. 专业结构与产业对接

根据产业发展的趋势和需求，调整和优化专业结构，确保专业设置与产业需求相匹配。产业是紧紧跟随市场的发展而发展的，具有第一手的信息和资源，因此，高校应积极跟进，并用于指导专业设置。因为只有明确专业的发展方向和目标，并与产业发展同步，才能培养符合行业发展趋势的人才。在这样的前提下，高职院校的专业结构课程设计以及教学组织等才会更加高效，所培养的人才也将更为契合市场的需要。

3. 课程内容与职业标准对接

高职院校在设计和选择课程内容时，应与市场的职业标准对接，使之符合最新的职业标准和行业规范。这就需要高校加强与企业的联系，建立紧密的合作伙伴关系，一方面，有助于确保学生能够掌握行业所需的知识和技能，另一方面，也能为企业输送急需的技术人才。

4. 教学过程与生产过程对接

教学过程也应脱离依靠书本知识为依据的传统教学模式，通过实践教学、实训基地建设等方式，使学生在学习过程中就能够接触到真实的生产环境，进而提高其职业技能和实际操作能力，对他们日后进入社会正式参加工作做好充分的准备。

5. 师资队伍建设与企业实践结合

加强师资队伍建设，提高教师的实践教学能力，鼓励教师参与企业实践，了解行业最新动态。或者，从企业聘请精通行业发展和一线生产的专家来校任职或指导教学，从而将最新的行业发展动态带入课堂，无形中提高了高职院校的教学效果。

6. 校园文化与企业文化融合

将企业文化融入校园文化建设中，培养学生的职业精神和团队协作能力。

构建基于校企共建的产教融合评价机制，对于高职院校的专业发展具有重要意义。评价机制的建立应考虑以下几个方面：

（1）导向功能。评价机制应能使高职院校的专业建设与产业发展保持一致，促进教育内容和方法的改革。

（2）调节功能。评价结果应能够调节和优化校企合作的模式和路径，使之更加符合双方的需求和期望。

（3）诊断功能。通过评价发现问题和不足，为高职院校的专业发展提供改进的方向和建议。

（4）激励功能。评价结果应能够激励高职院校和企业不断提高合作的质量和效果，追求更高的教育目标。

（5）管理功能。评价机制应成为高职院校专业发展管理的重要工具，帮助学校和企业实现更有效的合作管理。

（三）质量评价可有效促进高职院校与区域产业协同发展

在 2030、2035 等国家战略背景下，高职院校的产教融合被赋予了新的内涵和深远的意义。面对这样的战略机遇，高职院校需要深入思考和实践如何将专业集群与区域产业集群紧密结合，实现教育资源与产业资源的优化配置，推动高职教育与区域产业经济的协同发展。这不仅是职业教育融入国家创新体系、实现现代化的重要途径，也是促进地方经济社会发展的关键举措。

1. 专业集群与产业集群的融合

高职院校应根据区域产业发展的特点和需求调整和优化专业结构，打造与区域产业链相匹配的专业集群，实现教育资源与产业需求的精准对接。通过产教融合，高职院校能够为区域产业发展提供对口的人才和技术支持，同时，产业的发展也为高职教育提供了实践平台和创新空间，形成良性互动，促进区域经济的稳步发展。

在区域经济视域下，高职院校能够紧跟地方产业转型升级的步伐，及时调整人才培养方案，加强与企业的沟通与合作，使培养符合产业新需求的技术技能型人才成为可能，也令高校和企业获得双赢局面。同时，高职院校要结合地方区域产业集群的发展现状和高职专业建设的实际情况开展深入研究，探索产教融合的有效路径和模式。

2. 供给侧发力推动产业的转型和升级

与此同时，高职院校要以供给侧结构性改革为指导，从供给端发力，优化教育资源配置，提高教育质量，提高人才的适应性，为产业转型升级提供有力的人才和技术支持。高职院校必须主动承担起产业转型升级的支持者和推动者的责任，通过技术研发、人才培养、社会服务等方式为地方产业发展注入新的活力。市场的发展需要人才的推动，通过产教融合的方式，高职院校有能力通过提升劳动力的素质和技能，促进劳动力的整体升级，从而为地方经济社会发展提供强有力的人力资源支撑。

3. 构建产教融合评价机制

面对产教融合中存在的"融而不透、合而不深"等问题，高职院校需要探索和设计基于校企共建的产教融合评价机制，以评价为导向，促进产教融合的深入发展。产教融合评价机制应充分发挥导向、调节、诊断、激励等功能，引导高职院校和企业不断优化合作模式，提高合作质量，实现共赢发展。进一步，通过构建产教融合的评价机制，将有助于高职院校和地方产业集群实现可持续发展，通过教育与产业的深度融合，形成持续创新和发展的动力。

第二节　产教融合评价机制构建

一、评价机制构建目标

在推进教育现代化的宏伟征程中，以区域产业与地方高校的深度融合为核心，高校与企业应携手打造一个和谐共生的教育生态系统——"共生群落"。这一战略愿景体现了对当前教育发展趋势的深刻洞察，同时也展现了对未来教育形态的积极探索与创新实践。

（一）有助于明确核心任务

评价机制确定了两大核心任务：一是提升地方高校的专业服务能力，使之更加精准地满足区域产业的需求，为产业升级提供坚实的人才和智力支持；二是促进区域产业结构的优化升级，通过教育资源的有效对接，为区域经济的可持续发展提供新的动力。

（二）有利于创新校企之间的合作

创新校企合作机制的重要性已经不言而喻，对此，高校与企业应积极探索校企合作的新模式和新路径，打破传统教育与产业之间的界限，实现资源共享和优势互补。通过这种方式，希望能够促进教育与产业的深度融合，推动双方在人才培养、技术研发、市场拓展等方面的合作，从而实现互利共赢的局面。通过校企双方不断的探索和尝试，未来一定会找到最适合双方发展的合作模式，为社会培养出更多具有实践能力和创新精神的高素质人才。

（三）深化人才培养模式改革

随着人才培养模式的进一步深化和推进，会推动高校与企业更好地适应产业发展和变化而不断提出新需求。通过这一改革，目标是培养出具有创新精神和实践能力的技术技能型人才，使他们能够在未来的职场中脱颖而出，为社会和经济发展做出更大的贡献。高校须更加注重理论与实践相结合的教学方法，加强与企业的合作，为学生提供更多的实习和实践机会，使他们能够在实际工作中积累宝贵的经验。同时，高职院校还应不断更新课程内容，引入最新的技术和知识，确保学生能够掌握最前沿的专业技能。通过这些措施，相信高校未来能够培养出更多符合产业发展需求的高素质技术技能型人才。

（四）促进校企双方的双赢发展

通过各方的努力，高职院校的专业（群）与地方产业集群之间的合作将不断深入，通过精准对接和深度开展合作，未来将打造出一批具有鲜明特色、符合市场需求的专业（群）。具体来说，通过深入研究地方产业集群的发展需求，分析其产业结构和人才需求特点，高校将有针对性地设计和优化专业课程体系。同时，在与企业建立紧密的合作关系的过程中，高职院校应积极邀请行业专家参与课程开发和教学过程，确保学生在校期间能够掌握实际工作所需的技能和知识，为他们提供最前沿的学科讯息，促进他们专业技能的不断提升。

此外，校企双方还应积极推动更多的校企合作项目的落地，为学生提供丰富的实习和就业机会，尤其是在产业升级和转型的过程中，这种实习将变得更为重要。这不仅有利于企业转型阶段能不断地得到即插即用的人才，而且也有利于学生的就业和职业发展，减轻社会的就业压力，为地方经济的持续发展做出积极贡献。当然，这一切的发展都离不开一套有效的评价机制，它是维护校企双方利益的有力保障。

（五）调动校企双方的积极性

通过采取一系列切实可行的措施和策略，期望能够充分激发和调动学校和企业双方的积极性与创造力。这样，他们将更加充满动力和热情地积极参与到校企共建的项目中来。通过科学有效的评价机制可以共同推动教育与产业的深度融合，实现互利共赢的局面，进一步促进双方的共同发展和进步。科学的机制是促进事物健康发展的最有力手段，也是维护各方最大利益的重要措施，在有效的评价机制的监督下，学校和企业会更加融洽地达成合作，彼此都获得有力的支持。

（六）促进区域经济与社会进步

产教融合的最终目标在于通过学校与企业之间的深度合作与共建，致力于为特定区域的经济发展注入新的活力，并推动社会的整体进步。这种合作模式旨在实现教育与产业之间的无缝对接，充分发挥双方的优势，共同培养符合市场需求的高素质人才。教育机构通过产教融合能够更好地了解产业的实际需求，及时调整教学内容和方法，提高教育的针对性和实用性。同时，企业也能通过与教育机构的合作获得创新的灵感和技术支持，提升自身的竞争力。最终，产教融合将促进教育与产业的共同发展，为区域经济的繁荣和社会的进步贡献智慧和力量。

（七）加强教育与产业的深度融合

这里所说的教育与产业的合作并不仅仅停留在形式上，而是致力于实现教育内容与产业实践的深度融合。通过这种深度整合，旨在确保教育活动与产业需求之间达到高度一致，从而实现教育与产业的无缝对接。具体来说，教育与产业的融合不仅满足于表面的合作协议和形式上的交流，而是要深入探讨和研究如何将教育内容与实际产业需求相结合，使教育活动能够真正满足产业发展的实际需求。通过这种深度融合，我们希望能够培养出更多符合产业需求的高素质人才，推动产业的持续发展，同时也为教育事业注入新的活力和动力。

（八）发挥产教融合的示范性

通过引领和带动区域内乃至更广阔范围内的教育与产业之间的合作，产教融合将成为一个区域经济发展的示范性标杆。在各方不断努力和创新的前提下，双方的合作质量和效益也在不断提升，进而推动了教育与产业的深度融合的实现，从而为社会培养出更多具有实践能力和创新精神的高素质人才。

不过，要想获得理性的发展效果，还须不断进行积极探索和实践，同时不断优化合作机制，加强校企之间的互动与交流，确保教育与产业的合作能够真正落到实处，取得显著成效。通过这些示范性引领作用，将有望推动整个教育体系和产业界的共同发展，为区域乃至全国的经济社会发展做出更大的贡献。

（九）提升校企社会责任和贡献

在当今经济快速发展的时代，高职院校在为社会提供服务、促进区域经济发展方面肩负着重要的责任。随着经济升级和产业转型，社会对高职院校也提出了新的要求，这需要通过积极推行校企合作共建的模式、推动高职院校与企业的紧密合作并共同制订教育方案和培训计划等逐步实现。这样也能确保教育内容与市场需求紧密结合，还能为学生提供实际操作经验和职业技能的培养，从而培养出更多具备高素质和技术技能型的专业人才，为社会的持续发展和进步做出积极而有力的贡献。

二、评价机制的构建思路

构建产教融合评价机制是一项系统性工程，需要从理论到实践、从宏观到微观的全方位考量。

（一）理论基础的确立

在构建评价机制的过程中，我们首先深入研究并借鉴了教育学、管理学、经济学等多个学科领域的相关理论，从而确立了评价机制的理论基础。通过这些理论的综合应用，我们为评价工作提供了坚实而全面的理论支撑。这一过程确保了评价机制不仅具备科学性和系统性，还能够全面覆盖各个相关领域，从而使得评价结果更加准确、可靠和具有指导意义。

（二）发展机理的解析

深入分析产教融合的发展机理，需要从多个角度入手，全面探究其内在逻辑和发展规律。首先，要理解产教融合不仅是教育与产业的简单结合，而是一种深层次的、系统的整合。其次，这种整合涉及教育体系与产业需求的紧密对接，旨在通过双方的互动与合作，实现资源共享、优势互补，从而提升教育质量和产业竞争力。

在探究产教融合的内在逻辑时，应当关注以下几个方面：

1. 政策导向

政府在产教融合中扮演着重要的角色，通过制定相关政策和法规，为产教融合提供方向和保障。政策的制定需要充分考虑教育与产业的实际情况，确保政策的科学性和可操作性。

2. 市场需求

产业的发展离不开人才的支持，而教育则需要根据市场需求来调整培养方向和课程设置。因此，深入了解市场需求，特别是未来趋势，对于产教融合至关重要。

3. 教育创新

传统的教育模式往往难以满足产业发展的需求，因此需要不断创新教育理念和方法。这包括引入实践教学、项目驱动学习等方式，使学生能够在学习过程中积累实际工作经验。

4. 企业参与

企业在产教融合中应当发挥积极作用，通过与教育机构合作，共同开发课程、提供实习实训机会，甚至参与人才培养方案的制订。企业参与不仅能够提升教育质量，还能为企业自身培养符合需求的人才。

5. 评价机制

为了确保产教融合的有效性，需要建立科学的评价机制。这种机制应当能够全面评估教育与产业融合的效果，包括人才培养质量、技术创新能力、社会服务能力等多个方面。评价结果可以为政策制定和实践改进提供依据。

（三）现状评估与比较分析

通过对当前产教融合现状的详细评估和深入比较分析，我们可以全面审视和深入了解其实际情况。这一过程不仅揭示了存在的问题和差距，还为评价设计提供了实际依据和改进方向。具体来说，通过系统的现状评估，我们可以识别出产教融合在实施过程中遇到的瓶颈和不足之处，例如资源配置的不合理、合作机制的不完善、政策支持的不足等。同时，通过比较分析，我们可以借鉴其他成功案例的经验，找出差距所在，从而有针对性地提出改进措施。这样的全面审视和分析，不仅有助于我们更好地理解产教融合的实际运作情况，还能为未来的发展提供明确的方向和可行的改进方案。

（四）评价设计的核心内容

以区域产业集群与地方高校专业（群）之间的深度融合为关键主线，明确评价工作的核心内容和主要方向，确保评价机制能够有效地促进双方的共同发展。具体而言，通过深入分析和研究区域产业集群的实际需求，结合地方高校的专业优势，制定出切实可行的评价标准和方法。这些标准和方法应当能够全面反映产业集群与高校专业（群）之间的互动效果，评估双方在人才培养、技术创新、社会服务等方面的协同进展。同时，评价机制还应具备动态调整的能力，以适应不断变化的市场需求和技术进步，从而确保评价工作始终与区域产业集群和地方高校专业（群）的深度融合保持同步，推动双方在合作中实现共同成长和可持续发展。

（五）多元化的评价主体

为了确保评价结果的客观性和公正性，应采取多元化的评价主体。这包括来自不同领域的专家、企业代表、学校教师以及学生等各方的参与。通过汇集这些不同背景和专业视角的意见，可以更全面地评估相关事项，从而提高评价的准确性和可信度。行业专家凭借其深厚的专业知识和丰富的实践经验能够提供专业而深入的见解；企业代表则能够从实际应用和市场需求的角度出发提供宝贵的反馈；学校教师能够从教育和学术的角度进行评价，确保评价内容符合教育目标和学术标准；学生作为评价的直接受益者，他们的意见和感受同样重要，能够反映出评价内容的实际效果和接受度。通过这种多元化的评价主体，能够综合各方面的意见，形成一个全面、客观且公正的评价结果。

（六）多维度的评价视角

评价维度不仅包括时间、空间和价值3个重要的方面，还全面地涵盖了评价对象在这些不同维度上的具体表现和需求。通过对时间维度的评估，可以了解评价对象在不同时间段内的发展变化和趋势；通过对空间维度的评估，可以掌握评价对象在不同地域、环境或背景下的表现和适应性；通过对价值维度的评估，可以深入探讨评价对象在经济、社会、文化等方面的价值和意义。综合这3个维度的评价，能够帮助我们更全面、更深入地理解评价对象的多方面特性和需求，从而为决策提供更为科学和客观的依据。

第三节　产教融合质量评价指标体系构建

一、评价指标体系构建原则

（一）校企双方利益主体效能平衡原则

为了更好地推动产教融合与校企合作的深化，除了建立"双轨制"评价机制外，我们还需要从政策环境、合作模式、激励机制等多方面入手，全方位地促进双方的紧密合作。

在政策层面，政府应出台更为明确和有力的支持政策，为产教融合搭建坚实的政策框架。这包括但不限于税收优惠、资金补贴、项目资助等直接经济激励措施，同时也应包括简化审批流程、提供信息服务、建立交流平台等间接支持手段。通过这些政策的实施，可以有效降低校企合作的成本，提高合作的效率和成功率，从而激发双方的参与热情。

在合作模式上，应鼓励创新，打破传统的单一合作模式，探索多样化的合作路径。例如，可以建立校企联合研发中心，共同攻克技术难题，推动产业升级；也可以开展订单式人才培养，根据企业的实际需求定制课程内容和教学计划，实现人才培养与岗位需求的无缝对接。此外，还可以推动实习实训基地建设，为学生提供真实的职场环境和实践机会，同时为企业储备优秀人才。

在激励机制方面，应注重长远利益与短期激励的结合。对于学校而言，可以将产教融合的成果纳入绩效考核体系，对在产教融合中表现突出的个人和团队给予表彰和奖励；对于企业而言，则可以通过税收减免、品牌宣传等方式给予一定的回报。同时，还应建立有效的信息反馈和评估机制，定期对产教融合的效果进行评估和反馈，以便及时调整和优化合作策略。

推动产教融合与校企合作的深入发展需要多方面的共同努力和配合。只有在政策环境、合作模式、激励机制等多个方面实现协同创新和优化升级，才能真正实现校企双方的共赢发展，为区域产业经济的转型升级提供有力的人才支撑和智力保障。

（二）校企合作过程动态发展原则

在达成合作共识的基础上，校企双方将紧密围绕共融共建的主线，通过一系列互融共建的活动，如共同制定标准、共同审查方案、共同建设课程、共同培养师资、共同搭建平台、共同研究项目、共同融合文化以及共同培育人才等，深入探索专业的标准、内容体系、条件资源、教学科研以及评价反馈 5 个维度与企业之间的深度融合。通过这一系列的努力，旨在实现专业设置与产业需求的精准对接、课程内容与职业标准的无缝对接以及教学过程与生产过程的高效对接，从而推动专业实现高水平的发展。

在这个过程中，无论是校企双方客观理性所确定的目标或方案，还是双方所追求的卓越或共赢的愿景，都可能会随着合作过程中出现的各种主客观因素而发生动态变化。这种变化是一个从无到有的发展过程，从不成熟逐步走向成熟，具有可持续性和不确定性等特点。因此，设计的评价指标必须具备动态发展的特性，既要能够进行评价诊断，又要具备鉴定功能。同时，评价指标的设计应着眼于被评价对象的进步和发展，尤其是要关注以人为本的教育质量发展观，这样才能确保校企共建的质量得到持续改进和提升。通过这种方式，校企合作不仅能够促进教育与产业的紧密结合，还能确保教育质量的不断提升，最终实现双方的共赢和可持续发展。

（三）评价指标体系系统性、科学性及可操作性原则

在设计产教融合的评价指标体系时，必须遵循科学性、系统性和可操作性的原则，确保评价结果的准确性和实用性。在指标设计过程中，应充分运用系统论的原理，确保指标体系的完整性和协调性。同时，采用科学的方法，如因素分析、层次分析等，合理构建指标体系。评价指标应涵盖对校企双方背景和条件的评价，如学校的教育资源、企业的行业地位、合作基础等，以评估双方合作的潜力和可能性。指标体系应包括对合作过程的评价，如合作机制、沟通协调、资源共享等，以及对合作成果的评价，如人才培养效果、技术研发成果、社会服务效果等。

在指标设计时，要避免面面俱到导致的烦冗和复杂，同时也要避免过于简单导致的模糊和不明确。指标应简洁明了，便于理解和操作。在设计指标时，要重点考虑各要素之间的关系和结构，确保指标体系的内在逻辑性和系统性。指标体系应结合定量和定性分析，充分发挥指标的整体功能和综合效应。定量指标可以提供客观的数据支持，而定性指标可以反映合作的质量和效果。关键指标应具有独立性和完整性，能够独立反映校企合作的某个方面，同时也要与其他指标相互关联，形成完整的评价体系。

指标体系应具有一定的开放性，能够适应不同的应用场景和需求。同时，要具备适应性，能够根据教育发展和产业变化进行调整和优化。在指标设计时，要确保指标体系具有很强的可操作性，便于相关人员进行实际操作和应用。操作过程应简便易行，易于理解和执行。指标体系应具有一定的灵活性，能够根据实际情况进行调整和变化，以满足不同校企合作的具体需求。同时，指标应具有实用性，能够为合作双方提供有价值的参考和指导。

指标体系应支持动态监测和持续改进，通过定期的评价和反馈，及时发现问题和不足，促进校企合作的持续优化和发展。在指标设计过程中，应鼓励校企双方及相关利益相关者参与，形成共识，确保指标体系的公正性、合理性和有效性。

通过这些综合性的措施和原则，可以构建一个科学、合理、有效的产教融合评价指标体系，为校企合作提供有力的支持和指导，促进教育与产业的深度

融合和协同发展。

二、评价指标体系选取

在构建评价指标体系时，需细致考虑以下关键方面。

（一）背景评价

背景评价是评价指标体系的基础，它要求我们深入分析学校与企业的背景情况，包括但不限于社会声誉、历史沿革、文化传统等。同时，需考察学校与企业所依托的产业背景，分析行业发展趋势，预测人才需求变化，评估校企双方的对接性。此环节的目的在于全面了解校企合作的社会环境，识别合作过程中可能遇到的特定问题和挑战。通过对资源与机遇的识别，可以制定更为有效的校企合作目标，为后续的合作奠定坚实的基础。此外，背景评价还包括对政策环境、区域经济发展水平、技术创新能力等因素的考量，这些都是影响校企合作成功与否的重要因素。

（二）输入评价

输入评价关注校企双方能够投入到合作中的资源和条件。这包括师资力量、项目资源、实验设备、教学环境等硬件资源，同时也涵盖了管理机制、合作模式、战略规划等软件资源。通过对这些输入因素的评估，我们可以确定合作的基础是否牢固、资源配置是否合理。此外，输入评价还需考察校企合作管理机制的完善程度，包括合作双方的组织架构、管理制度、沟通协调机制等。通过信息收集和可行性评估，我们可以确定在最优资源和条件下的共融共建实施方案，这不仅包括总体实施规划，还涵盖了具体的建设策略和执行步骤。

（三）过程评价

过程评价是对校企合作过程中各项活动的监督、记录和评估。这包括人才培养方案的论证与制订、课程资源和教学软硬件的建设、"双师型"师资队伍的互动与提升、常规工作协调与服务，以及质量监督与保障等。此环节的目的在于评价专业建设过程的有效性，确保合作活动按照既定目标和计划顺利推进。过程评价需要建立一套科学的监督机制，通过定期的检查、反馈和调整，及时发现问题并采取措施解决，以保证合作过程的质量和效率。此外，过程评价还包括对合作双方沟通协调能力、资源整合能力、创新能力等方面的评估，这些都是影响合作成功与否的关键因素。

（四）成果评价

成果评价是评价指标体系的重要组成部分，它关注的是校企合作的最终成果和影响。这包括对学校人才培养质量与规模的评估、专业建设的特色成果、企业项目研发成果，以及学校和企业的社会影响力、社会效益或经济收益等。成果评价的目的在于分析共融共建活动是否达到了预期目标，以及这些建设活动对目标受众的影响程度。通过对成果的评估，可以了解合作的成效，总结经验教训，为未来的合作提供参考。此外，成果评价还需围绕"目标—计划—实施—结果"四个环节形成逻辑闭环，确保评价反馈贯穿于每个环节，实现评价的全面性和系统性。需要指出的是，闭环管理是持续优化合作模式的有效手段，可以提高合作效果，实现校企合作的可持续发展。

三、质量评价指标与赋权

（一）指标设计

在质量评价体系中，指标设计是至关重要的一步。指标应全面覆盖产品或服务的各个方面，确保评价结果的客观性和准确性。

1. 指标设计应遵循的原则

（1）科学性。指标应基于科学理论和实际需求，确保其合理性和有效性。

（2）可操作性。指标应易于测量和计算，数据获取渠道可靠且操作简便。

（3）全面性。指标应涵盖产品或服务的各个关键环节，避免遗漏重要信息。

（4）可比性。指标应具有一定的通用性，便于不同产品或服务之间的横向比较。

（5）动态性。指标应能够适应市场和技术的变化，及时调整和更新。

2. 基于以上原则，指标设计可分为以下方面

（1）技术指标。包括产品性能、功能、稳定性、兼容性等方面。技术指标是评价产品质量的基础，直接关系到用户使用体验。

（2）服务指标。涵盖售后服务、客户支持、响应速度、服务态度等方面。优质的服务能够提升用户满意度，增强品牌忠诚度。

（3）经济指标。包括产品价格、性价比、成本控制等方面。经济指标反映了产品的市场竞争力和企业的盈利能力。

（4）环保指标。涉及产品生产、使用和废弃过程中的环保性能，如能耗、排放、可回收性等。环保指标是现代社会越来越关注的重要方面。

（5）创新指标。包括技术创新、设计创新、管理创新等方面。创新是企业持续发展的核心动力，也是提升产品竞争力的关键因素。

（二）赋权方法

确定了各项评价指标后，需要对这些指标进行赋权，即确定各指标在总体评价中的重要程度。赋权方法主要有以下几种：

（1）德尔菲法。通过专家咨询和反复征询意见，最终达成共识，确定各指标的权重。

（2）层次分析法。通过构建层次结构模型，对各指标进行成对比较，计算权重。

（3）主观赋权法。根据评价者或决策者的主观判断，直接给出各指标的权重。

（4）客观赋权法。依据历史数据和统计分析，通过数学方法计算各指标的权重，如熵值法、变异系数法等。

（三）指标权重分析

考虑校企合作双方本身条件及主客观因素，确定各项指标的权重是至关重要的。首先，需要对合作双方的资源、优势和需求进行全面评估。例如，高职院校在技术研发和人才培养方面具有独特优势，而企业则在市场运作和资金支持方面占据主导地位。通过明确双方的核心竞争力，我们可以合理分配合作中的责任和利益，确保合作的高效和可持续性。其次，指标权重的确定还需要考虑合作项目的性质和目标。对于以技术创新为目标的合作项目，技术实力和研发能力的权重应相应提高；而对于以市场拓展为目标的合作项目，则应更多关注企业的市场推广能力和品牌影响力。通过细化项目目标，我们可以更有针对性地分配资源，提高合作的成功率。需要强调的是，指标权重的确定还应考虑外部环境的影响。例如，政策导向、市场需求和行业发展趋势等因素都会对合作项目产生重要影响。因此，在确定指标权重时，我们需要密切关注这些外部因素的变化，及时调整合作策略，确保合作项目的顺利进行。最后，指标权重的确定应通过科学的评估方法来实现。常见的方法包括层次分析法（AHP）、模糊综合评价法等。通过这些方法，我们可以将定性分析与定量分析相结合，确保权重分配的客观性和准确性。同时，通过专家咨询和多方讨论，可以进一步优化指标权重，使其更加符合实际情况。

四、质量评价指标体系构建的注意事项

构建产教融合质量评价指标体系是一个复杂的过程，需要注意以下关键

事项。

（一）利益相关者的识别与参与

在进行评价过程中，高职院校必须明确并识别所有利益相关者，这包括学校、企业、政府、行业组织、教师和学生。这些利益相关者在评价过程中扮演着重要的角色，因此，必须确保他们在整个评价过程中能够积极参与，并且他们的意见和建议能够被充分听取和重视。通过这种方式，我们可以确保评价结果更加全面、客观和公正，从而更好地满足各方的需求和期望。

（二）目标一致性

为了确保评价指标与产教融合的目标和愿景保持一致，我们需要深入分析并准确反映教育与产业之间的共同需求和期望。这不仅涉及对教育体系和产业需求的全面了解，还需要在两者之间建立有效的沟通机制，以便更好地协调和整合资源。通过这种方式，评价指标才能真正成为衡量产教融合成效的有力工具，促进教育与产业深度融合、实现双方共同发展和进步。

（三）指标的科学性和实用性

评价指标应当建立在科学的教育理论基础之上，并紧密结合产业实践中的具体应用。这些指标不仅需要具备可操作性，还应当能够通过实际数据进行量化评估，从而确保其有效性和可靠性。具体来说，评价指标应当涵盖教育过程中的各个方面，包括教学方法、学生学习效果、课程内容的实用性等。同时，这些指标应当能够被教育工作者和产业界人士广泛接受和应用，以便于在实际操作中进行有效的评估和改进。通过这样的评价指标体系，可以更好地衡量教育质量和产业需求之间的匹配度，进而推动教育体系与产业发展的良性互动。

（四）多维度评价

为了全面评估和衡量一个机构或项目的综合实力，我们可以从多个不同的角度出发，设计一系列详尽的评价指标。这些指标将涵盖教育质量、产业对接度、创新能力、学生就业率和社会服务等多个方面。

（1）教育质量是衡量一个机构教学水平和学术成就的重要指标。这包括课程设置的合理性、教学资源的丰富程度、师资力量的强弱以及学生的学习效果和满意度。通过这些具体指标，我们可以全面了解教育质量的高低。

（2）产业对接度反映了教育机构与产业界的紧密程度。这涉及课程内容与市场需求的契合度、校企合作的广度和深度、实习实训机会的提供情况以及毕业生在行业内的受欢迎程度。通过这些指标，我们可以评估教育机构在培养符合市场需求的人才方面的能力。

（3）创新能力是衡量一个机构发展潜力的重要指标。这包括科研成果的数量和质量、专利申请和授权情况、创新项目的实施情况以及学术交流和合作的广泛性。通过这些指标，我们可以了解一个机构在推动科技进步和创新方面所做出的贡献。

（4）学生就业率是衡量教育机构培养效果的关键指标之一。这包括毕业生的就业率、就业质量、薪资水平以及职业发展情况。通过这些指标，我们可以评估教育机构在帮助学生顺利进入职场方面的能力。

（5）社会服务是衡量一个机构对社会贡献的重要指标。这包括社会培训项目的数量和质量、社区服务活动的开展情况、社会问题的研究和解决方案的提出以及公众参与度和满意度。通过这些指标，我们可以了解一个机构在服务社会、推动社会进步方面所做出的努力和成就。

（五）动态性和适应性

一个有效的评价体系应当具备灵活性和适应性，能够随着教育和产业环境的不断变化而进行动态调整。这样的调整是为了确保评价体系能够及时反映最新的发展趋势和实际需求，从而更好地服务于教育和产业的发展。具体来说，评价体系应能够根据教育政策的更新、产业技术的进步以及市场需求的变化，不断优化和更新其评价标准和方法，以确保评价结果的准确性和实用性。通过这种方式，评价体系不仅能够为教育机构和产业界提供有价值的反馈，还能为学习者和从业者指明未来发展的方向，促进整体社会的进步。

（六）评价标准的明确性

评价标准应当具备高度的具体性和明确性，这样做的目的是让所有相关人员都能够轻松理解和准确应用这些标准。只有当标准具体且明确时，评价过程才不会因为标准模糊不清而产生误差，从而确保评价结果的公正性和准确性。无论是评价者还是被评价者，都能够清楚地知道评价的依据是什么，评价的各个环节应该如何进行，最终得出的评价结果才能令人信服。具体和明确的评价标准不仅有助于提高评价的透明度，还能有效地减少主观偏见和误解，确保评价过程的客观性和科学性。

（七）数据的可靠性和有效性

为了确保评价所依据的数据来源具有高度的可靠性和准确性，我们必须采取一系列严格的措施来验证这些数据的真实性和有效性。首先，数据收集过程中应选择权威和可信的来源，如政府发布的统计数据、学术研究机构的调查报告以及行业内部公认的权威机构所提供的信息。其次，数据收集方法应科学合理，确保样本具有代表性，避免因样本偏差而导致的结论失真。此外，数据处理和分析过程中应采用先进的技术和方法，确保数据的完整性和一致性，避免人为错误或误读。最终，通过这些严格的数据收集和处理流程，我们能够获得真实反映教育和产业实际情况的数据，从而为评价提供坚实的基础。

（八）评价方法的多样性

为了提高评价的客观性和全面性，我们采用了多种评价方法，包括自我评价、同行评价和第三方评价等。通过自我评价，个体可以反思自己的表现和进步，从而更好地了解自身的优点和不足。同行评价则通过同事或同行之间的相互评估，提供了一个更为客观和多元的视角，有助于发现一些自我评价中可能忽略的问题。第三方评价则由独立的外部机构或专家进行，进一步增加了评价的公正性和可信度。这3种评价方法的结合，能够更全面地反映被评价对象的真实情况，从而提高评价的整体质量和效果。

（九）过程的透明性和公正性

评价过程应当具备公开透明的特性，确保所有参与者在评价过程中的权益得到充分保障。这意味着评价的标准、程序和结果都应当向所有相关方公开，以便于监督和审查。通过这种方式，可以有效避免偏见和不公正现象的发生，确保评价结果的客观性和公正性。同时，公开透明的评价过程也有助于增强参与者的信任感，提升评价的整体效果和公信力。

（十）反馈和改进机制

为了确保项目的顺利进行和持续改进，建立一个有效的反馈机制是至关重要的。首先，我们需要确保评价结果能够及时地传递给所有相关方，包括项目团队成员、管理层以及可能的外部利益相关者。通过及时的反馈，各方可以迅速了解当前的进展和存在的问题，从而采取相应措施。

具体来说，我们可以设立一个专门的反馈平台，比如一个在线系统或定期的会议，以便各方能够方便地提交和接收反馈信息。此外，反馈内容应详细具体，不仅包括项目的整体表现，还应涵盖各个具体环节和细节，以便各方能够有针对性地进行改进。

收到反馈后，相关部门和团队应认真分析和讨论这些信息，找出问题的根源，并制定具体的改进措施。改进措施应明确具体，包括责任人、完成时间和预期效果，以便于跟踪和评估改进效果。同时，改进过程中的每一步都应记录下来，以便于未来作为参考和进一步优化。通过这种持续的反馈和改进机制，我们可以确保项目始终朝着既定目标前进，并在过程中不断优化和提升，最终达到最佳效果。

第四节　产教融合质量评价组织与实施

高职院校产教融合质量评价的组织与实施是一个复杂而系统的过程，它涉及多个方面的因素和环节。

一、评价组织

（一）组建评价团队

1. 评价团队的成员构成

为了确保评价工作的全面性和客观性，评价团队应由来自教育行政部门、职业院校、行业企业、研究机构等多方面的专家组成。这些专家应具备丰富的经验和专业知识，能够从不同角度对评价对象进行深入分析和评估。教育行政部门的专家可以提供政策支持和指导，职业院校的专家可以提供教学经验和实践案例，行业企业的专家可以提供市场需求和实际应用情况，研究机构的专家可以提供理论支持和数据分析方法。通过这种多元化的成员构成，评价团队能够全面了解评价对象的各个方面，从而做出更加科学、合理的评价。

2. 职责分工的明确

为了确保评价工作的有序进行，必须明确各成员的职责和任务。具体来说，数据收集、分析、报告撰写等环节都需要有明确的责任人。数据收集工作应由具备相关经验的成员负责，他们需要确保收集到的数据准确、完整，能够真实反映评价对象的实际情况。数据分析工作则需要由具备数据分析能力的成员负责，他们需要运用科学的方法对收集到的数据进行深入分析，找出其中的规律和问题。报告撰写工作则需要由具备较强文字表达能力的成员负责，他们需要将分析结果整理成一份清晰、准确、有条理的报告，供决策者参考。通过明确各成员的职责和任务，评价团队能够高效、有序地开展工作，确保评价工作的顺利进行。

（二）制订评价方案

1. 明确评价目标

为了确保产教融合政策的有效实施，我们需要根据国家和地方的相关政策要求，结合高职院校的具体实际情况，明确评价的具体目标和标准。这将有助于我们更好地衡量产教融合的成效，确保各项措施能够落到实处，真正实现产教融合的初衷和目标。

2. 设计评价指标体系

为了全面评估产教融合的实施效果，我们需要构建一个科学合理的评价指标体系。这个体系应涵盖产教融合的多个关键方面，包括组织结构、管理机制、人才培养、科研创新和社会服务等。通过这些指标，我们可以全面了解产教融合的进展情况，及时发现问题并采取相应的改进措施。

3. 确定评价方法

为了确保评价结果的准确性和可靠性，我们需要采用定量与定性相结合的评价方法。具体来说，我们可以采用问卷调查、访谈、文献资料收集等多种方式全面收集相关信息。通过这些方法，我们可以从不同角度了解产教融合的实施情况，确保评价结果的全面性和客观性。

二、评价实施

（一）数据收集

1. 问卷调查的设计与实施

为了全面了解产教融合的现状和存在的问题，我们将设计一系列详细的问卷调查，这些问卷将针对不同的群体，包括职业院校的管理人员、行业企业的代表、在校学生以及教师等。通过这些问卷，我们能够收集到关于产教融合在实际操作中的具体表现、面临的挑战以及各方的需求和期望。问卷的设计将注重科学性和针对性，确保能够从不同角度获取全面而深入的信息。

2. 深入访谈的开展与资料获取

为了获取关于产教融合的第一手资料，我们将组织一系列深入的访谈活动。这些访谈将涉及职业院校的领导层、教师队伍、在校学生以及企业界的代表。通过面对面的交流，我们将深入了解他们对产教融合的认识、具体的做法以及取得的成效。访谈过程中，我们将注重倾听各方的声音，确保能够捕捉到最真实、最具体的信息，从而为后续的分析和研究提供有力的支持。

3. 文献资料的广泛收集与研究

为了全面了解产教融合的理论基础、发展历程和实践经验，我们将广泛收集相关的政策文件、研究报告、学术论文等文献资料。通过这些资料的梳理和分析，我们将能够掌握产教融合的理论框架，了解其在不同历史阶段的发展脉络，以及在实际操作中的成功案例和经验教训。这些文献资料的收集和研究，将为我们提供丰富的背景知识，为深入探讨产教融合的现状和问题提供坚实的理论支撑。

（二）数据分析

1. 数据整理工作

在进行数据整理工作时，首先，需要对收集到的各种数据进行详细分类，将相似或相关的数据归为一类，便于后续处理。其次，对分类后的数据进行细致的整理，确保每一条数据都准确无误，避免出现任何错误或遗漏。最后，通过归纳总结，将整理好的数据进行系统化处理，形成结构化的数据集，确保数据的完整性和可用性。

2. 统计分析过程

在统计分析过程中，我们首先需要运用科学的统计方法，如描述性统计、推断性统计等，对数据进行初步处理，以确保数据的可靠性和有效性。其次，采用各种先进的分析技术，如回归分析、聚类分析等，对数据进行深入处理和分析，以提取出有价值的信息。通过这些分析手段，我们可以揭示数据背后的规律和趋势，为决策提供有力支持。

（三）报告撰写

1. 撰写报告

在对大量数据进行详细分析的基础上，我们需要撰写一份关于产教融合质量评价的报告。这份报告应当全面涵盖评价的背景、目的、方法、结果以及结论等多个方面。首先，报告的背景部分应详细描述产教融合的重要性和当前的发展现状，为读者提供一个清晰的背景认知。其次，报告的目的部分需要明确指出本次评价的主要目标和预期效果，以便读者理解评价的意义。再次，在方法部分，报告应详细阐述所采用的数据分析方法、评价工具和过程，确保评价的科学性和准确性。结果部分则应展示数据分析的具体结果，包括各项指标的得分和排名等，以便读者直观了解评价情况。最后，在结论部分，报告应总结评价的主要发现，并提出具有针对性的建议和改进措施。

2. 提出建议

针对在产教融合质量评价过程中发现的问题和不足之处，我们需要提出一系列具体且切实可行的改进建议和措施。这些建议和措施旨在帮助高职院校进一步深化产教融合，提升教育质量和产业合作的水平。首先，建议应针对评价中发现的具体问题，如课程设置不合理、师资力量不足、实践教学环节薄弱等提出相应的改进方案。其次，措施应包括加强校企合作、优化课程体系、提升教师实践能力、增加实习实训机会等方面，以确保高职院校能够更好地适应产业需求，培养出更多符合市场需求的高素质技术技能型人才。通过这些具体的建议和措施，我们希望能够为高职院校深化产教融合提供有力的参考和借鉴，推动产教融合向更高水平发展。

三、评价反馈与改进

(一)反馈结果

将评价报告详细地反馈给职业院校、行业企业以及其他相关方,以便他们能够充分了解产教融合的当前状况以及所面临的问题。这样,各方可以更好地认识到产教融合的实际进展,明确存在的不足之处,从而有针对性地采取措施,进一步推动产教融合的深入发展。

(二)整改落实

职业院校应当仔细研究和分析评价报告中提出的各项建议和措施,根据报告内容制订出切实可行的整改方案。这些方案需要详细具体,能够明确指出需要改进的领域和具体的操作步骤,以便于在实际工作中能够顺利执行和落实。同时,职业院校还应定期检查整改工作的进展情况,确保整改措施能够真正落到实处,并取得预期的效果。

与此同时,行业企业也应当积极参与到产教融合的整改工作中来。企业可以通过与职业院校建立更加紧密的合作关系,共同探讨和研究如何将产教融合推向更高的水平。企业可以提供实际的生产需求和行业发展趋势,帮助职业院校调整和优化课程设置,使教学内容更加贴近实际工作需求。此外,企业还可以通过提供实习实训基地、派遣专业技术人员参与教学等方式,为职业院校的学生提供更多的实践机会,从而提高学生的实际操作能力和就业竞争力。通过校企双方的共同努力,可以实现产教融合的深度发展,为社会培养出更多高素质的技术技能型人才。

(三)持续改进

为了确保产教融合的质量,建立一个长期有效的评价机制是至关重要的。这一机制应当定期对产教融合的各项工作进行全面而深入的评价和反馈,从而不断推动产教融合工作的持续改进和优化。通过这种方式,我们可以确保产教融合不仅是形式上的合作,而且是真正能够实现教育资源与产业需求的有效对接,提升教育质量和产业发展的水平。

参考文献

陈广明，2020. "双创"视域下的地方高校应用型创新人才培养：以桂林理工大学博文管理学院产品设计专业为例 [J]．文教资料（29）：126-127，41.

陈仁府，2024. 浅谈产教融合背景下高职院校陶瓷艺术类人才培育机制问题与对策研究 [J]．佛山陶瓷，34（3）：99-101.

董翠，2024. 新文科背景下基于 OBE 理念的艺术设计应用型人才培养路径研究：以景德镇陶瓷大学为例 [J]．中国轻工教育，27（3）：38-47.

段雪辉，戴笑笑，2023. 地方院校产教融合赋能乡村振兴研究 [M]．北京：中国纺织出版社．

方奕峰，方辉，2024. 陶瓷产品设计教学的产教融合育人模式构建 [J]．景德镇学院学报，39（2）：14-17.

黄佳，2021. 产教融合一体化育人策略与实践 [M]．北京：中国原子能出版社．

黄梦新，2023. 基于产教融合模式下陶瓷文创教学体系的建构与思考 [J]．陶瓷科学与艺术，57（10）：26-27.

黄艳，2019. 产教融合的研究与实践 [M]．北京：北京理工大学出版社．

姜伟星，2023. 产教融合理念下校企合作人才培养理论与实践研究 [M]．天津：天津科学技术出版社．

鞠然，2023. 产教融合背景下职业高职应用型人才培养质量问题研究 [D]．哈尔滨：黑龙江大学．

黎鲲，2022. 高职院校产教融合模式及其评价机制 [M]．西安：陕西人民教育出版社．

李华，李辉，2022. 深化产教融合对策及案例研究 [M]．秦皇岛：燕山大学出版社．

李健龙，赖德鹏，2024. 产教融合视域下高职院校"双师型"教师队伍建设的策略 [J]．大学教育（13）：18-22.

李思琦，彭星星，2024. 产业学院视域下产教融合共同体的构建路径与实践 [J]．科学咨询（教育科研）（7）：189-192.

李小芳，2021. 基于创客教育的地方高校应用型创新人才培养模式研究 [J]．辽宁科技学院学报，23（1）：30-31，10.

林晓珊，2023. 产教融合背景下工匠精神培养方式探究：以陶瓷设计与工艺专业为例 [J]．美术文献（7）：102-104.

刘亚，王俐，李卓凡，2024. 产教融合视域下高职院校人才培养模式探索 [J]．产业创新研究（14）：184-186.

彭元飞，张弼玥，李光亮，2024. 产教融合视域下的陶瓷印设计教学改革策略［J］. 陶瓷科学与艺术，58（6）：52－54.

秦凤梅，2021. 职业教育产教融合质量评价探索［M］. 重庆：重庆大学出版社.

孙巍，郑路，2024. 新文科背景下艺术设计人才培养研究及实践［J］. 长春工程学院学报：社会科学版，25（2）：118－122.

田甜，2024. 产教融合视域下高职院校线上线下混合教学模式实践探究［J］. 职业技术，23（9）：55－61，68.

万兵，2024. 高质量发展视域下高职教育产教融合协同机制研究［J］. 教育教学论坛（25）：49－52.

王京成，王萌，2023.OBE 教育理念下的陶瓷工艺设计创新人才培养策略［J］. 上海包装（7）：217－219.

王薇，姜尚洁，2021. 地方高职高校应用型创新人才培养的 SWOT 分析及推进策略［J］. 教学研究，44（5）：33－38.

王云雷，2020. 产教融合［M］. 北京：团结出版社.

辛丽明，2021. 基于产教融合的高校应用型创新人才培养研究［J］. 公关世界（8）：44－46.

徐曼冰，2022. 实践产教融合，探索陶瓷产业人才培养现实路径：国家级技能大师徐曼冰工作室陶瓷人才培养实践［J］. 陶瓷科学与艺术，56（8）：12－17.

杨波，蒋大锐，2024. 产教融合视域下应用型高校人才培养模式探析［J］. 华商论丛，5（1）：68－73.

杨春林，2021. 产教融合背景下高校"双师双能型"师资队伍建设的探索与实践［M］. 北京：北京工业大学出版社.

杨正强，2021. 高校应用型创新人才培养的生态环境优化策略：以重庆文理学院的实践为例［J］. 教育观察，10（17）：138－140.

余曜翀，2023. 以产教融合和高阶思维发展为中心的陶瓷艺术教学路径［J］. 景德镇学院学报，38（1）：104－108.

张慧，单婷婷，王娟，2024. 产教融合视域下创新创业人才培养模式研究［J］. 创新创业理论研究与实践，7（13）：76－79，111.

张金哲，2023. 高校产教融合理论与模式探索［M］. 长春：吉林人民出版社.

张君，刘英，2024. 产教融合视域下高职院校实践教学质量评价体系实证研究［J］. 福建轻纺（7）：65－69.

赵亚鹏，2021. 地方高校应用型创新人才培养定位与对策研究［J］. 宁波经济（三江论坛）（8）：46－48.

朱慧芹，2023. 高职院校产教融合范式实践与探索［M］. 长春：吉林人民出版社.

朱昱，2023. "新文科"背景下陶瓷话语体系建构［J］. 中国陶瓷工业，30（2）：104－110.

祝木伟，毛帅，赵琛，2020. 产教融合型实训基地建设与评价研究［M］. 徐州：中国矿业大学出版社.

图书在版编目（CIP）数据

产教融合背景下高职院校人才培养模式探索 / 余量
著. -- 北京：中国农业出版社，2025. 7. -- ISBN 978-
7-109-33395-6

Ⅰ. G718.5

中国国家版本馆 CIP 数据核字第 2025DU6875 号

产教融合背景下高职院校人才培养模式探索
CHANJIAO RONGHE BEIJINGXIA
GAOZHI YUANXIAO RENCAI PEIYANG MOSHI TANSUO

中国农业出版社出版

地址：北京市朝阳区麦子店街 18 号楼

邮编：100125

责任编辑：李　夷　刁乾超　　文字编辑：刘金华

版式设计：李　文　　责任校对：张雯婷

印刷：中农印务有限公司

版次：2025 年 7 月第 1 版

印次：2025 年 7 月北京第 1 次印刷

发行：新华书店北京发行所

开本：700mm×1000mm　1/16

印张：11

字数：209 千字

定价：78.00 元